智慧国企：数字化转型之路

丁宇　著

中国商业出版社

图书在版编目（CIP）数据

智慧国企 ：数字化转型之路 / 丁宇著. -- 北京 ：中国商业出版社，2024. 9. -- ISBN 978-7-5208-3129-1

Ⅰ. F279.241-39

中国国家版本馆CIP数据核字第2024QL9403号

责任编辑：许启民

策划编辑：武维胜

中国商业出版社出版发行

（www.zgsycb.com　100053　北京广安门内报国寺 1 号）

总编室：010-63180647　编辑室：010-83128926

发行部：010-83120835/8286

新华书店经销

北京厚诚则铭印刷科技有限公司印刷

*

710 毫米 ×1000 毫米　16 开　6.75 印张　115 千字

2024 年 9 月第 1 版　2024 年 9 月第 1 次印刷

定价：48.00 元

*　*　*　*

（如有印装质量问题可更换）

前　言

在信息化、数字化浪潮席卷全球的今天，国有企业作为国家经济发展的中坚力量，其数字化转型显得尤为重要。数字化转型不仅是技术层面的革新，更是企业组织、管理、文化等多方面的深刻变革。对于国有企业，数字化转型不仅是提升核心竞争力、增强核心功能的关键因素，更是服务国家战略、推进高质量发展的重要途径。

本书围绕“智慧国企：数字化转型之路”这一主题，深入浅出地阐述了数字化转型的概念内涵、关键技术、驱动因素等，详细分析了国企数字化转型的现状与挑战，系统论述了建设智慧国企的战略路径，结合相关案例，深刻总结了智慧国企的实践经验，并对智慧国企的未来进行了展望，以期为读者理解与践行国企数字化转型提供有价值的参考和借鉴。本书内容翔实、条理清晰、逻辑合理，兼具理论性与实践性，适用于从事企业管理以及相关工作的国企人员。

数字化转型并非一蹴而就，需要企业具备前瞻性的战略眼光、科学的规划布局、强大的执行力和持续的创新精神。笔者期望《智慧国企：数字化转型之路》一书能够为国企数字化转型提供有力的理论支撑和实践指导，成为广大国企同人在数字化转型道路上的一盏明灯，助力大家更好地把握机遇、应对挑战，找到适合自己企业的数字化转型之路，共同开创国有企业数字化转型的新篇章，助力加强数字化发展治理、推进加快建设数字中国。

在数字化转型的浪潮中，国有企业正站在新的历史起点上，面临着前所未有的机遇与挑战。笔者相信，只要我们坚定信心、积极行动、勇于创新，就一定能够开辟出一条符合自身特点的数字化转型之路，为企业发展注入新的活力和动力，为以中国式现代化全面推进中华民族伟大复兴贡献更大的力量。

目　录

第一章　数字化转型综述 …… 1
第一节　从信息化到数字化 …… 1
第二节　数字化转型的概念内涵 …… 5
第三节　数字化转型的关键技术 …… 11
第四节　数字化转型的驱动因素 …… 21
第五节　数字化转型与企业战略 …… 27
第二章　国企数字化转型的现状与挑战 …… 32
第一节　国企数字化转型的必要性分析 …… 32
第二节　国企数字化转型的现状 …… 38
第三节　国企数字化转型面临的挑战 …… 43
第四节　国企数字化转型的技术要求与应用要求 …… 46
第五节　国企数字化转型应处理的关系 …… 51
第三章　建设智慧国企的战略路径 …… 57
第一节　国企数字化转型与智慧国企的关系探讨 …… 57
第二节　制定数字化转型战略 …… 60
第三节　构建数字化平台 …… 63
第四节　创新体制与机制 …… 70
第五节　培养数字化人才 …… 75
第六节　重塑组织管理模式 …… 81
第七节　强化风险管理 …… 86
第四章　智慧国企的实践经验与未来展望 …… 89
第一节　智慧国企的实践经验 …… 89
第二节　智慧国企的未来展望 …… 92
结束语 …… 95
参考文献 …… 97

第一章　数字化转型综述

第一节　从信息化到数字化

随着科技的飞速发展，人类社会正经历着从信息化到数字化的深刻变革。这一变革不仅改变了我们的生活方式，也推动了社会生产力的飞速提升。信息化和数字化，虽然在某些方面有着相似之处，但它们却是两个不同的阶段，反映了不同时代的发展特点。

一、信息化的兴起：重塑世界的新力量

自20世纪末以来，信息化的浪潮席卷全球，并且以前所未有的速度改变着人类社会的面貌。信息化，简单来说，就是社会各方面信息资源的开发利用和信息技术在各个领域的广泛应用。

信息化的兴起，源于科技的飞速发展。随着计算机技术的突破、互联网的普及以及大数据、云计算、人工智能等新一代信息技术的崛起，我们获取、处理和应用信息的能力得到了极大的提升。这使得信息成为一种重要的资源，成为推动社会进步的重要动力。

信息化的兴起，正在重塑社会的经济结构。信息技术在各个行业的广泛应用，推动了传统产业的转型升级，也催生了新兴产业的崛起。例如，电子商务、在线教育、远程医疗等领域的快速发展，不仅改变了我们的消费方式，还创造了大量的就业机会。同时，信息化也加速了全球化的进程，使得资源在全球范围内实现优化配置。

信息化的兴起，也在深刻改变着人们的生活方式。信息的快速传播和共享，使得我们可以随时随地获取所需的知识和信息，提高了我们的生活质量。同时，信息化也为我们提供了更多的社交方式和娱乐方式，丰富了我们的精神生活。

总的来说，信息化的兴起是一种不可逆转的趋势，它正在以巨大的力量重塑我们的世界。我们需要积极应对挑战，充分利用信息化的机遇，推动社会的持续进步和发展。在这个过程中，我们不仅要注重科技的发展和应用，更要关注人的需求和发展，让信息化真正服务于人类社会的进步和福祉。

二、信息化的局限性：深度探讨与反思

尽管信息化带来了诸多便利和效益，我们也必须正视其存在的局限性。

（1）信息化可能导致信息过载。在信息化时代，信息呈爆炸式增长，人们面临着海量的数据和信息输入。然而，过量的信息并不总是有益的，它可能导致人们的注意力分散，难以深入理解和消化重要的信息。此外，过量的信息还可能引发焦虑和压力，对人们的心理健康产生负面影响。

（2）信息化可能加剧数字鸿沟。不同地区、不同社会群体之间的信息化水平仍然存在显著差异。那些无法充分接触和利用信息化技术的人群，可能在社会、经济、文化等方面面临更大的劣势。数字鸿沟的存在可能导致社会不平等进一步加剧，影响社会的公平和稳定。

（3）信息化可能带来信息安全和隐私保护的问题。随着信息化的深入发展，个人信息和数据的收集、存储、传输和使用变得越来越普遍。然而，这也增加了个人信息泄露和滥用的风险。一些不法分子可能利用信息化技术进行网络攻击、窃取个人信息或进行其他非法活动，对个人和社会造成损害。

（4）信息化的过度使用可能导致我们的思维趋于表面化。在现代社会，信息几乎唾手可得，人们可以在任何时间、任何地点获取各种各样的信息。然而，这也意味着我们往往只能停留在表面的信息上，难以深入挖掘问题的本质。人们更容易被表面现象所迷惑，无法看到事情的全貌和复杂性。

（5）信息化的碎片化可能导致思考的缺失。在信息化时代，人们可以随时随地获取信息，但这也意味着信息变得碎片化、分散化。人们可能只关注到某个片段的信息，而忽略了整体的情况。这种碎片化的思维方式容易让人陷入片面的思考，难以形成全面、深入的见解。

（6）信息化可能导致思考与批判性思维的缺失。在信息化时代，人们往往过于依赖网络上的信息，而忽略了独立思考和批判性思维的重要性。网

络上的信息往往缺乏权威性和准确性，人们容易受到误导和欺骗。因此，我们需要培养自己的独立思考能力和批判性思维，以便在面对复杂问题时能够作出正确的判断和决策。

综上所述，信息化虽然带来了诸多便利和效益，但也存在诸多局限性。我们需要正视这些局限性，并采取相应的措施来应对和克服它们。例如，加强信息筛选和过滤的能力，提高数字素养和信息处理能力；推动信息化技术的普及和发展，缩小数字鸿沟；加强信息安全和隐私保护的法律法规建设和技术研发；鼓励深入思考和批判性思维的培养等。只有这样，我们才能更好地利用信息化技术推动社会的发展和进步。

三、数字化：信息化的一脉相承

数字化，是在信息化的基础上，进一步实现了信息的数字化表示和处理。数字化技术，如云计算、大数据、人工智能等，先将海量数据转化为可度量的数字、数据，再对这些数字、数据进行挖掘和分析，以揭示隐藏在数据背后的规律和价值。数字化不仅使信息的处理更加精确和高效，也为我们提供了一个全新的视角和工具，以认识和改造世界。

数字化与信息化一脉相承，二者在多个方面都有着紧密的联系。首先，数字化是信息化发展的必然结果。随着信息技术的不断进步和应用场景的不断拓展，我们需要更高级、更精确的信息处理方式，而数字化正是满足这一需求的最佳方案。其次，数字化和信息化在核心理念上是一致的，都是追求信息的高效流通和有效利用。最后，数字化和信息化相互促进，共同推动着社会的进步和发展。

当然，数字化并非信息化的简单延伸，它在很多方面都实现了对信息化的超越和提升。例如，在数据处理能力上，数字化技术能够处理比信息化时代更为庞大和复杂的数据集；在应用领域上，数字化已经渗透到各行各业，成为推动产业升级和创新发展的重要动力；在社会影响上，数字化正在深刻改变着我们的生活方式、工作方式乃至思维方式。

展望未来，数字化将继续引领信息化的发展潮流，成为推动社会进步的重要引擎。我们需要更加深入地理解和把握数字化的本质和规律，充分发挥其在各个领域的应用潜力，以数字化为手段，推动信息化向更高层次、更广领域发展。同时，我们也需要警惕数字化带来的挑战和风险，如数据安全、隐私保护等问题，以确保数字化的发展能够真正造福人类社会。

四、数字化发力方向：构建全局最优的技术体系与数据体系

随着科技的飞速发展和数字化转型的深入推进，构建一个全局最优的技术体系和数据体系已成为企业乃至整个社会发展的关键所在。这一体系不仅能够提高企业运营效率、优化资源配置，更能为决策层提供精准的数据支持，助力实现可持续发展。

构建全局最优的技术体系，要求我们在技术选择上具备前瞻性和战略性。这意味着要紧跟技术发展潮流，不断引进和更新先进的技术手段，包括但不限于云计算、大数据、人工智能、物联网等。这些技术的融合应用，将极大地提高数据处理能力、信息传输速度和智能化水平，为企业构建高效、灵活、安全的数字化基础设施提供有力支撑。

在构建数据体系方面，全局最优的目标要求我们实现数据的全面采集、高效处理、安全存储和智能应用。首先，要确保数据来源的多样性和准确性，通过多渠道、多方式的数据采集，形成完整的数据图谱。其次，要利用先进的数据处理和分析技术，对数据进行清洗、整合和挖掘，提取有价值的信息。同时，要加强数据安全管理，确保数据在传输、存储和使用过程中的安全性和隐私性。最后，要通过数据可视化、数据预测等手段，将数据转化为决策支持工具，为企业的战略规划和业务发展提供有力支撑。

在构建全局最优的技术体系和数据体系的过程中，还需要注重体系之间的协同与融合。技术体系是数据体系的基础和支撑，而数据体系则是技术体系的应用和延伸。两者相辅相成，共同构成企业数字化转型的核心。因此，在推进数字化转型的过程中，要注重技术体系与数据体系的整体规划和协调发展，以确保两者之间的无缝衔接和高效协同。

此外，人才培养也是构建全局最优技术体系和数据体系的关键一环。企业需要加大对数字化人才的培养和引进力度，打造一支既懂技术又懂业务的复合型人才队伍。这些人才将成为推动企业数字化转型的重要力量，为企业构建全局最优的技术体系和数据体系提供有力的智力支持。

构建全局最优的技术体系和数据体系是企业数字化转型的重要方向。

通过前瞻性的技术选择、全面的数据采集与处理、安全的数据存储与应用以及技术体系与数据体系的协同融合，企业将能够在数字化转型的道路上迈出坚实的步伐，实现更高效、更智能、更可持续的发展。

总之，从信息化到数字化是时代发展的必然趋势。我们应该把握这一机遇，充分利用数字化技术的优势，推动社会各领域的创新和发展。同时，我们也需要关注数字化带来的挑战和问题，积极寻求解决方案，为构建一个更加美好、智能的未来世界贡献力量。

第二节　数字化转型的概念内涵

一、数字化的概念与内涵

（一）概念

数字化的概念分为狭义的数字化和广义的数字化。狭义的数字化主要是利用数字技术，对具体业务、场景的数字化改造，更关注数字技术本身对业务的降本增效作用。广义的数字化则是利用数字技术，对企业、政府等各类组织的业务模式、运营方式，进行系统化、整体性的变革，更关注数字技术对组织的整个体系的赋能和重塑。

狭义的数字化。狭义的数字化是指利用信息系统、各类传感器、机器视觉等信息通信技术，将物理世界中复杂多变的数据、信息、知识，转变为一系列二进制代码，引入计算机内部，形成可识别、可存储、可计算的数字、数据，再以这些数字、数据建立起相关的数据模型，并对其进行统一处理、分析、应用。

广义的数字化。广义的数字化则是通过利用互联网、大数据、人工智能、区块链等新一代信息技术，以此对企业、政府等各类主体的战略、架构、运营、管理、生产、营销等各个层面，进行系统性的、全面的变革，并以数字技术对整个组织进行重塑，因此，数字技术能力不再只是单纯地解决降本增效的问题，而成为赋能模式创新和业务突破的核心力量。

数字化的概念，因场景、语境不同，其含义也不同。对具体业务的数字化，多为狭义的数字化；对企业、组织整体的数字化变革，多为广义的数字化。广义的数字化概念，包含了狭义的数字化。

（二）内涵

与传统的信息化相比，无论是狭义的数字化，还是广义的数字化，均是在信息化高速发展的基础上诞生和发展的，但与传统信息化条块化服务业务的方式不同，数字化更多的是对业务和商业模式的系统性变革、重塑。

数字化打通了企业信息孤岛，释放了数据价值。数字化是利用新一代ICT技术，通过对业务数据的实时获取、网络协同、智能应用，打通了企业数据孤岛，让数据在企业系统内自由流动，数据价值得以充分发挥。

数字化以数据为主要生产要素。其要求将企业中所有的业务、生产、营销、客户等有价值的人、事、物全部转变为数字存储的数据，形成可存储、可计算、可分析的数据、信息、知识，并和企业获取的外部数据一起，通过对这些数据的实时分析、计算、应用来指导企业生产、运营等各项业务。

数字化变革了企业生产关系，提高了企业生产力。数字化让企业从传统生产要素，转向以数据为生产要素，从传统部门分工转向网络协同的生产关系，从传统层级驱动转向以数据智能化应用为核心驱动的方式，让生产力得到指数级提升，使企业能够实时洞察各类动态业务中的一切信息，实时作出最优决策，使企业资源合理配置，适应瞬息万变的市场经济竞争环境，实现最大的经济效益。

二、数字化转型的概念

数字化转型基于数字化技术的发展，它对传统企业提出了将原有业务与数字化技术融合，进行创新，以实现企业业绩增长与持续发展的变革要求。

数字化转型是企业战略层面的概念，它并不是追求眼前效益的机灵战术。其本质是通过数字技术和数学算法显性切入企业业务流，形成智能化闭环，使企业的生产经营全过程可度量、可追溯、可预测、可传承，重构了质量、效率、成本的核心竞争力。

企业数字化分为内部运营管理数字化、外部商业模式数字化和行业平台生态数字化三大部分。对应于技术层面，就是要实现系统的内部垂直集成、外部横向集成，以及平台上的端到端集成。

平台经济和平台模式是数字化转型和落地的主要实现方式。对于行业龙头的大企业而言，需要转型成为行业性和社会化平台，最终形成生态链，从而保持其行业领袖地位。对于行业内的中小企业来说，则要成为行业平台上的专业化合作伙伴，让自身的价值链在平台上占据重要一环，并保持生态合作。

三、企业数字化转型的内涵

数字化将无处不在的传感器、嵌入式终端系统、智能控制系统、通信设施通过 CPS 形成一个智能网络，使人与人、人与机器、机器与机器以及服务与服务之间能够互联，从而实现横向、纵向和端对端的高度集成。集成是工业 4.0 与工业互联网的基石，也是长期以来中国推动数字化转型的关键词。

在两化融合评估体系中，将两化融合分为起步阶段、单项应用阶段、综合集成阶段、协同创新阶段等四个阶段，综合集成是信息化和工业化融合走向纵向的重要标志，中国两化融合主要强调了企业间的横向集成和企业内部的纵向集成，而数字化增加了端到端的集成。

(一) 纵向集成

纵向集成，顾名思义，是指在企业内部从生产设备、生产执行、生产计划到企业运营管理之间的数据流转和传递的集成。它关注的是企业内部各个层级、各个环节之间的无缝连接和高效协同。纵向集成的目标是打破信息孤岛，实现数据在企业内部的自由流动和共享，为企业决策提供及时、准确的数据支持。

纵向集成能够实时监控生产设备的运行状态、生产进度等信息，实现生产过程的透明化、可视化。企业可以根据实时数据调整生产计划，优化生产流程，提高生产效率。通过纵向集成，企业可以实现资源的优化配置和高效利用，降低库存、减少浪费，从而降低运营成本。纵向集成能够为企业提供全面、准确的数据支持，使企业能够基于数据进行决策，提高决策的科学性和准确性。企业数字化所要追求的就是在企业内部实现所有环节信息的无缝连接，这是所有智能化的基础。

（二）横向集成

在市场竞争牵引和信息技术创新驱动下，每一个企业都在追求生产过程中的信息流、资金流、物流的无缝连接与有机协同，在过去这一目标主要集中在企业内部，但现在这已经远远不够了，企业要实现新的目标：从企业内部的信息集成向产业链信息集成，从企业内部协同研发体系到企业间的研发网络，从企业内部的供应链管理到企业间的协同供应链管理，从企业内部的价值链重构向企业间的价值链重构。横向集成是企业之间通过价值链以及信息网络所实现的一种资源整合，为实现各企业之间的无缝合作，提供实时产品与服务，推动企业之间研、产、供销、经营管理与生产控制、业务与财务全流程的无缝衔接和综合集成，实现产品开发、生产制造、经营管理等在不同企业之间的信息共享和业务协同。

（三）端到端集成

从某种意义上来讲，端到端的集成是一个新理念，各界对于端到端集成有不同的理解。所谓端到端，就是围绕产品全生命周期的价值链创造，通过对价值链上不同企业资源的整合，实现从产品设计、生产制造、物流配送、使用维护的产品全生命周期的管理和服务，它以产品价值链创造集成供应商（一级、二级、三级）、制造商（研发、设计、加工、配送）、分销商（一级、二级、三级）以及客户信息流、物流和资金流，在为客户提供更有价值的产品和服务的同时，重构产业链各环节的价值体系。

四、企业数字化转型的实质

基于对三大集成的理解，可以把企业数字化转型概括为三个方面：

一是客户体验升级。利用数字技术打破边界，重构客户体验，让客户和企业之间发生的需求、交易、体验全面提升，其实质就是端到端的集成过程，生态链的打造过程。

二是企业效率提高。重构企业的制造、管理，通过调整企业的资源配置，让企业的运营效率、决策准确度大幅度提升，这就是所谓的垂直集成，即内部资源的整合。

三是企业业务创新。重构企业的产品和服务的创新流程，就是所谓的横向集成，内部与外部的集成，创新不仅发生在内部，还要利用平台的资源来开展企业的创新。

大多数的传统企业都面临着封闭的 IT 系统不能满足需要，业务流程的设计都是烟囱式的、重载的、端到端的，而且是面向功能的、给内部人使用的，并不是面向客户的。部分传统企业还面临着信息孤岛的问题，数据的准确性、全面性和连通性是没有办法实现的。“如果信息孤岛的问题不能解决，数字化转型就是无源之本。”数字化转型绝不是简单地对先进技术的使用，所有企业的数字化转型都应该回归到解决客户的问题上，就是要回归初心，回到商业的设计理念，能够在更高的层面解决目的性的问题。

五、数字化转型的阶段

数字化转型共分为三个阶段：转换、升级、转型。

首先，数字化转换反映的是“信息数字化”，是从模拟形态到数字形态的转换过程，如从模拟电视到数字电视、从胶卷相机到数码相机、从物理打字机到办公软件。其变革的本质是将信息以 0 和 1 的二进制数字化形式进行读写、存储和传递。

其次，数字化升级强调的是“流程数字化”，运用数字技术改造工作流程，为产生新的收益和价值创造机会。诸如企业资源计划 ERP 系统、客户关系管理 CRM 系统、供应链管理 SCM 系统等，都是将工作流程进行了数字化，从而提高了工作协同效率和资源利用效率，为企业创造了信息化价值。

最后，数字化转型是更大程度地开发数字化技术及支撑能力，目标是新建一个富有活力的数字化业务商业模式。数字化转型完全超越了信息的数字化或流程的数字化，目标是实现“业务数字化”，使企业在一个新型的数字空间里发展出新的业务和新的核心竞争力。

六、数字化转型的分类

根据数字化转型对企业现有业务改变的程度，可将数字化转型划分为存量业务优化和增量业务创新两类，以对应不同的商业战略和数字化战略。

（一）存量业务优化

存量业务优化是指基于现有的商业模式，利用高效的数据技术和算法，进行生产运营数字化转型，获取更低成本和更好体验之间的平衡，降低运营成本或为业务提供增量。

例如，某家电企业利用人工智能图像识别技术，提高产品生产质量管控；某跨国集团企业利用财务机器人 RPA，提高财务管理效率，减少人力投入；某消费企业整合线上线下渠道，打造消费者一致体验，并构建私域流量；某地产企业搭建企业移动平台，建设员工智慧办公工具，提高员工工作与协同的效率和体验。

（二）增量业务创新

增量业务创新是指基于数据重构商业模式或基于数据拓展全新业务，包括产品、服务以及商业模式的数字化转型。

例如，某音乐出品企业用数字化音乐下载替代了传统的唱片和 CD，后来，在线音乐播放又替代了音乐下载；某传统超市实现线上线下一体化，从传统零售向新零售转变；某传统运营商向外界提供选址服务；某农产品企业打造区块链追溯技术平台，将产品与服务的追溯能力和平台社会化，产生全新的服务能力和收入；某传统药企通过搭建会员体系，聚合大健康资源，搭建大健康生态圈，开拓全新大健康业务模式。

七、数字化转型的价值

数字化转型的价值按照业务创新转型方向和价值空间，可分为生产运营优化、产品及服务创新和全新业务创新三类，并可以按这三类来明确数字化转型过程中不断跃升的价值。

（一）生产运营优化类价值

相应的业务体系一般不会有本质性转变。主要是基于传统存量业务，价值创造和传递活动主要集中在企业内部价值链，价值获取主要来自传统产品规模化生产与交易。生产运营优化类价值效益主要包括效率提高、成本降低、质量提高、体验优化等方面。

在效率提高方面主要包括提高规模化效率和多样化效率；在成本降低方面包括降低研发成本、生产成本、管理成本和交易成本；在质量提高方面主要包括提高设计质量、生产服务质量、采购及供应商协作质量和全要素全过程质量；在体验优化方面主要包括客户和消费者购买体验优化、内部员工及伙伴协同体验优化等。

（二）产品及服务创新类价值

相应的业务体系总体变化不大，主要专注于拓展基于传统业务的增量业务创新，价值创造和传递活动沿着产品及服务链延长价值链，开辟业务增量发展空间，产生全新的产品及服务收入。产品及服务创新类价值主要包括新技术和新产品、服务延伸与增值、主营业务增长等方面。

（三）全新业务创新类价值

相应的业务体系通常会发生颠覆式创新，主要专注于发展数字业务，形成符合数字经济规律的新型业务体系，价值创造和传递活动由线性关联的价值链、企业内部价值网络转变为开放价值生态，价值获取主要来自生态合作伙伴共建的业务生态。全新业务创新类价值主要包括为用户生态合作伙伴连接与赋能、数字新业务和绿色可持续发展等方面。

第三节　数字化转型的关键技术

一、云计算

随着科技的飞速发展，数字化转型已经成为企业、组织乃至整个社会的重要趋势。在这个过程中，云计算技术作为关键的一环，发挥着举足轻重的作用。

云计算技术是一种基于互联网的计算方式，它允许用户通过网络访问共享的计算资源池，如服务器、存储设备和应用程序等。这种技术将传统的本地计算模式转变为集中式的服务模式，使得企业能够更加灵活、高效地利用计算资源。

在数字化转型的过程中，云计算技术为企业提供了强大的支持。

首先，云计算技术有助于降低企业的IT成本。通过云计算，企业无须购买和维护大量的硬件设备，只需按需使用云服务提供商的计算资源，从而减少前期的投入成本。同时，云计算还能够帮助企业实现规模经济，通过共享资源池的方式降低单个用户的成本。

其次，云计算技术提高了企业的业务连续性和灵活性。云计算平台具备高可用性、可扩展性和弹性等特点，可以确保企业在面对各种挑战时保持业务的稳定运行。此外，云计算还使得企业能够更快速地响应市场变化，通过快速部署和调整应用程序来满足客户需求。

最后，云计算技术促进了企业数据的整合和分析。云计算平台能够将企业的各种数据进行集中存储和管理，为企业提供了强大的数据处理和分析能力。通过对数据的深入挖掘和分析，企业可以更好地了解市场趋势、客户需求和运营状况，从而作出更加明智的决策。

然而，尽管云计算技术在数字化转型中发挥着重要的作用，但企业在应用过程中也需要注意一些问题。其一，企业需要选择合适的云服务提供商和云服务模式，以确保其能够满足自身的业务需求和安全要求。其二，企业需要加强对云计算技术的管理和防范，以防止数据泄露和攻击事件的发生。其三，企业还需要关注云计算技术的发展趋势和新兴应用，以便及时调整自身的数字化转型战略。

总之，云计算技术是数字化转型中的关键技术之一，它为企业提供了强大的支持，降低了成本，提高了业务连续性和灵活性，促进了数据的整合和分析。在未来，随着云计算技术的不断发展和完善，相信它将在数字化转型中发挥更加重要的作用，为企业和社会创造更多的价值。

二、大数据技术

大数据技术作为数字化转型的核心驱动力，正发挥着越来越重要的作用。本节将深入探讨大数据技术在数字化转型中的关键作用，以及如何有效地应用大数据技术推动企业的数字化转型。

(一) 大数据技术概述

大数据技术是对海量数据进行收集、存储、处理、分析和应用的一系列技术的总称。大数据技术能够处理的数据量巨大，且数据种类繁多，包括结构化数据、半结构化数据和非结构化数据。同时，大数据技术还具有实时性强的特点，能够迅速响应业务需求，为企业决策提供有力支持。

(二) 大数据技术在数字化转型中的关键作用

1. 提高决策效率与准确性

大数据技术通过挖掘和分析海量数据，揭示数据背后的关联和规律，为企业决策提供有力支持。借助大数据技术，企业可以实时获取市场动态、客户需求等信息，从而快速调整战略和业务方向，提高决策效率和准确性。

2. 优化资源配置与降低成本

大数据技术有助于企业实现资源的精准配置，降低运营成本。通过对生产、销售、供应链等各环节的数据进行分析，企业可以优化生产流程，提高生产效率，降低库存和运输成本。

3. 创新业务模式与服务

大数据技术为企业提供了更多的创新机会。企业可以通过分析客户数据，挖掘客户需求，从而开发出更加符合市场需求的产品和服务。此外，大数据技术还可以助力企业实现个性化营销，以提高客户满意度和忠诚度。

(三) 有效应用大数据技术推动数字化转型

1. 制定明确的大数据战略

企业应根据自身业务需求和发展目标，制定明确的大数据战略。战略应包括数据采集、存储、处理、分析和应用等各个环节的规划和部署，以确保大数据技术在企业数字化转型中发挥最大价值。

2. 建立完善的大数据平台

建立完善的大数据平台是实现大数据技术应用的基础。企业应选择合适的大数据技术框架和工具，搭建稳定、高效的大数据平台，实现对数据的统一管理和高效处理。

3. 培养大数据人才

大数据技术的应用需要专业的人才支持。企业应重视大数据人才的培养和引进，通过培训、招聘等方式，建立一支具备大数据技能的人才队伍，为数字化转型提供有力保障。

4. 强化数据治理与安全保障

随着大数据技术的应用越来越广泛，数据治理与安全保障问题也日益凸显。企业应建立完善的数据治理体系，确保数据的安全和合规性。同时，加强数据安全防护，防止数据泄露和滥用，保障企业的信息安全。

大数据技术在数字化转型中发挥着至关重要的作用。通过应用大数据技术，企业可以提高决策效率与准确性、优化资源配置与降低成本、创新业务模式与服务，从而推动数字化转型的深入发展。然而，要有效应用大数据技术，企业就需要制定明确的大数据战略、建立完善的大数据平台、培养大数据人才，并强化数据治理与安全保障。只有这样，企业才能在数字化转型的道路上取得更好的成果。

三、人工智能技术

人工智能是新一轮科技革命和产业变革的重要驱动力量，是研究、开发用于模拟、延伸和扩展人的智能的理论、方法、技术及应用系统的一门新的技术科学。

首先，人工智能技术在数据处理和分析方面具有得天独厚的优势。企业在数字化转型的过程中，会产生大量的数据，如何高效地处理和分析这些数据，提取有价值的信息，是企业面临的重要问题。人工智能技术可以通过机器学习和深度学习等技术手段，对海量数据进行挖掘和分析，发现数据中的规律和趋势，帮助企业作出更准确的决策，优化业务流程，降低运营成本。

其次，人工智能技术在自动化和智能化方面具有重要作用。在数字化转型的过程中，企业需要将传统的业务流程进行数字化改造，实现自动化和智能化。人工智能技术可以通过自然语言处理、语音识别、图像识别等技术手段，实现与用户的智能交互，提升用户体验。同时，人工智能技术还可以应用于自动化生产、智能物流等领域，提高企业的生产效率和运营效率。

最后，人工智能技术在商业模式创新方面具有广泛的应用。随着人工智能技术的不断发展，企业可以创造出新的商业模式，打破传统的行业界限，实现跨界融合。例如，基于人工智能技术的智能推荐系统，可以根据用户的喜好和行为，为用户推荐个性化的产品和服务，从而提升企业的销售额和用户体验。

然而，人工智能技术的应用也面临着一些挑战和问题。其一，数据安全和隐私保护问题是人工智能技术应用的重要考量。企业需要加强对数据的保护，以确保数据的安全性和隐私性。其二，人工智能技术的研发和应用需要大量的专业人才支持。企业需要培养和引进具备人工智能技术能力的人才，以应对数字化转型的挑战。

综上所述，人工智能技术是数字化转型的关键技术之一，在数据处理和分析、自动化和智能化、商业模式创新等方面发挥着重要作用。然而，企业在应用人工智能技术时也需要关注数据安全和隐私保护问题，并加强人才培养和引进工作。只有充分发挥人工智能技术的优势，企业才能在数字化转型的道路上取得更大的成功。

四、物联网技术

物联网技术，即 Internet of Things（IoT），是指通过信息传感设备，按照约定的协议，将任何物体与网络相连接，实现智能化识别、定位、跟踪、监管等功能。这种技术使得物体之间能够相互通信、交换信息，从而实现智能化的管理和控制。在数字化转型的过程中，物联网技术发挥着至关重要的作用。

首先，物联网技术在智能家居领域的应用日益广泛。通过物联网技术，家庭中的各种设备可以相互连接，形成一个统一的智能系统。例如，智能照明系统可以根据环境光线和人员活动自动调节亮度；智能安防系统可以通过监控摄像头、烟雾探测器等设备，实现对家庭安全的全面监控；智能能源管理系统则能够实时监测家庭能耗，提供节能建议，降低能源消耗。这些应用不仅提高了家庭生活的便捷性和舒适性，也为节能减排、绿色生活作出了贡献。

其次，物联网技术在工业制造领域的应用取得了显著成果。通过物联网技术，制造设备可以实现互联互通，形成智能制造系统。这种系统可以实时监测生产线的运行状态，自动调整生产参数，提高生产效率和质量。同时，物联网技术还可以帮助企业实现远程监控和智能化管理，降低人力成本，提高其整体竞争力。在数字化转型的过程中，物联网技术为工业制造带来了革命性的变革。

再次，物联网技术在城市管理、智能交通、农业等领域发挥着重要作用。例如，在城市管理领域，物联网技术可以实现城市信息的智能化搜集和分析，以提高城市管理的效率和水平；在智能交通领域，物联网技术可以实现车辆与道路设施的互联互通，提高交通流量和安全性；在农业领域，物联网技术可以实现对农田环境的实时监测和智能管理，以提高农业产量和质量。

然而，尽管物联网技术在数字化转型中发挥了重要作用，但其发展仍面临一些挑战。其一，数据安全风险是物联网技术面临的主要问题之一。由于物联网设备和传感器产生的大量数据涉及个人隐私和商业机密等敏感信息，如果未经妥善保护，有可能造成严重的数据泄露和滥用风险。因此，加强数据安全保障是物联网技术发展的重要方向之一。其二，技术标准和互操作性是物联网技术面临的挑战。由于物联网行业涉及众多的设备和系统，不同厂商之间往往存在着技术标准和互操作性的差异。这导致了物联网设备之间的兼容性问题，影响了物联网技术的推广和应用。因此，建立统一的技术标准和推动设备之间的互操作性是物联网技术发展的关键。

综上所述，物联网技术作为数字化转型的关键技术之一，正在引领着科技革命的发展。它在智能家居、工业制造、城市管理等领域的应用，为数字化转型提供了强大的支持。然而，物联网技术的发展仍面临着数据安全风险和技术标准等挑战。未来，我们需要进一步加强数据安全保障、推动技术标准的统一和设备之间互操作性的提升，以充分发挥物联网技术在数字化转型中的潜力。

五、区块链技术

区块链是一种块链式存储、不可篡改、安全可信的去中心化分布式账本，它结合分布式存储、点对点传输、共识机制、密码学等技术，通过不断增长的数据块链记录交易和信息，确保了数据的安全性和透明性。区块链技术以其独特的去中心化、安全性和透明性等特点，逐渐成为数字化转型的关键技术之一。本节将深入探讨区块链技术的核心特点、应用领域以及未来的发展趋势。

(一) 区块链技术的核心特点

区块链技术是一种分布式数据库技术，它以链式结构存储数据块，每个数据块包含一定时间内的所有交易信息，并通过密码学算法保证了数据的安全和不可篡改。区块链技术的核心特点主要体现在以下几个方面：

（1）去中心化。区块链技术不依赖于任何中央机构或第三方信任机构进行管理和维护，所有节点共同参与数据的验证和存储，以确保数据的真实性和完整性。

（2）安全性。区块链采用先进的加密算法和分布式存储机制，使得数据在传输和存储过程中具有很高的安全性，能够有效防止数据被篡改或窃取。

（3）透明性。区块链上的所有交易信息都是公开透明的，任何节点都可以查看和验证交易数据，从而增强了系统的可信度和公正性。

(二) 区块链技术的应用领域

区块链技术的应用范围广泛，几乎涵盖了所有需要保证数据安全和透明性的领域。以下是几个典型的应用场景：

（1）金融行业。区块链技术在金融行业的应用尤为突出，如数字货币、跨境支付、供应链金融等。通过区块链技术，可以实现点对点的直接交易，降低交易成本，提高交易效率，保障交易的安全性和透明度。

（2）供应链管理。区块链技术可以记录每个环节的信息，并形成不可篡改的链式信息，以确保供应链的透明度和可信度。在溯源管理方面，区块链技术可以追踪产品的生产、运输和销售全过程，有效防止假冒伪劣产品的出现。

（3）物联网。随着物联网设备的不断增加，数据安全和隐私保护已成为亟须解决的问题。区块链技术可以为物联网设备提供安全的数据存储和传输机制，以确保数据在传输过程中的完整性和真实性。

（三）区块链技术的未来发展趋势

随着数字化转型的深入推进，区块链技术将迎来更加广阔的发展前景。以下是几个未来的发展趋势：

（1）跨链技术的发展。随着不同区块链网络之间的互联互通需求日益增加，跨链技术将成为未来发展的重要方向。通过跨链技术，不同区块链网络可以实现数据共享和价值传输，从而构建一个更加统一和高效的区块链生态系统。

（2）隐私保护技术的加强。随着区块链技术在更多领域的应用，隐私保护问题也日益凸显。未来，区块链技术将更加注重隐私保护技术的研究和应用，如零知识证明、同态加密等技术的融合应用，以确保用户数据的安全和隐私。

（3）智能合约的广泛应用。智能合约是区块链技术的重要组成部分，它可以自动执行合同条款，降低交易成本和风险。未来，智能合约将在更多领域得到广泛应用，如数字版权、自动化交易等，推动区块链技术的进一步普及和发展。

综上所述，区块链技术作为数字化转型的关键技术之一，正以其独特的优势在各个领域发挥着重要作用。随着技术的不断发展和完善，相信区块链技术将为数字化转型带来更多的创新和价值。

六、边缘计算技术

边缘计算技术是一种将计算、分析和处理数据的工作搬到靠近数据源的地方进行的计算模式。相较于传统的集中式计算模式，边缘计算技术将计算任务分散到设备端或网络边缘，从而减少了数据传输的延迟和带宽消耗，提高了计算效率和响应速度。

边缘计算技术在多个领域具有广泛的应用。在智能家居领域，智能灯泡、智能插座等设备通过边缘计算技术能够实时响应用户的指令，提供更加便捷的生活体验。在物联网设备方面，车载传感器、智能手表等通过边缘计算技术能够快速处理数据，实现车辆状态监控、运动数据记录等功能。此外，在工业自动化、智慧城市、零售业、医疗保健、农业和物流等领域，边缘计算技术也发挥着重要作用。

在企业的数字化转型中，边缘计算技术的重要性不言而喻。首先，边缘计算技术能够提升数据处理速度，减少数据传输的延迟，使得实时分析和决策成为可能。其次，通过将计算任务分散到设备端或网络边缘，边缘计算技术能够降低对中心服务器的依赖，提高系统的稳定性和可靠性。此外，边缘计算技术还有助于企业降低运营成本，提高资源利用效率。

然而，边缘计算技术的发展也面临着一些挑战。例如，如何保障边缘设备的安全性和隐私保护，如何实现边缘设备与中心服务器的协同工作等问题仍需进一步研究和解决。

综上所述，边缘计算技术作为数字化转型的关键技术之一，正逐步改变着各行各业的生产方式和运营模式。随着技术的不断发展和完善，相信边缘计算技术将在更多领域得到应用，为数字化转型注入新的动力。为了充分发挥边缘计算技术的潜力，我们需要持续关注技术创新和研发，推动其在各个领域的应用和拓展。同时，也需要加强人才培养和团队建设，培养具备边缘计算技术知识和实践经验的专业人才，为数字化转型提供有力的人才保障。

在未来的发展中，边缘计算技术将与云计算、大数据、人工智能等技术深度融合，共同推动数字化转型的深入发展。我们有理由相信，随着边缘计算技术的不断进步和应用，数字化转型将为我们带来更加便捷、高效和智能的生产和生活方式，推动社会经济的持续健康发展。

七、虚拟化技术

虚拟化技术是一种将计算机资源进行抽象化的技术手段，通过软件或者硬件的虚拟化，将一台物理服务器分割成多个虚拟机，使多个虚拟机能够独立运行不同的操作系统和应用程序。这种技术为数字化转型提供了强大的支撑，助力企业实现资源的高效利用、业务的快速部署与扩展，以及安全性的提高。

首先，虚拟化技术能够显著提高资源的利用率。在传统的 IT 架构中，每台物理服务器往往只能运行一个操作系统和一套应用程序，导致资源的浪费。而虚拟化技术可以将一台物理服务器分割成多个虚拟机，每个虚拟机都可以独立运行不同的操作系统和应用程序，从而实现资源的最大化利用。这不仅降低了企业的硬件投入成本，还提高了系统的灵活性和可扩展性。

其次，虚拟化技术能够加速业务的部署与扩展。在传统的IT环境中，新业务的部署往往需要购买新的硬件设备、安装操作系统和应用程序等烦琐的步骤，耗时耗力。而虚拟化技术则可以实现快速部署和迁移，只需在虚拟机上安装所需的应用程序，即可实现业务的快速上线。此外，随着业务的发展，企业可以轻松地扩展虚拟机的数量和配置，以满足业务增长的需求。

最后，虚拟化技术有助于提高系统的安全性。通过创建隔离的虚拟机环境，虚拟化技术可以有效地隔离潜在的安全风险，防止恶意攻击和病毒传播。此外，虚拟化技术还可以实现虚拟机的备份和恢复，确保在发生故障或灾难时能够迅速恢复业务运行。

然而，虚拟化技术也面临着一些挑战。其一，虚拟化技术可能导致性能开销。由于需要在虚拟机之间进行上下文切换，可能会增加系统的延迟和开销。因此，在选择和应用虚拟化技术时，需要充分考虑其性能影响，并对其进行合理的优化和配置。其二，虚拟化技术可能带来安全性的挑战。虽然虚拟化技术可以提高系统的安全性，但虚拟机之间的隔离并非绝对安全。恶意攻击者可能会利用虚拟化技术的漏洞进行攻击，导致数据泄露或系统崩溃。因此，企业需要加强对虚拟化环境的监控和管理，及时发现和应对潜在的安全威胁。其三，虚拟化技术的实施和维护需要专业的技术人员。虚拟化环境的配置和管理相对复杂，管理人员需要具备丰富的经验和技能。因此，企业在实施虚拟化技术时，需要注重培养专业的技术人员或寻求专业的技术支持。

综上所述，虚拟化技术在数字化转型中发挥着关键作用。通过提高资源利用率、加速业务部署与扩展以及提高系统安全性等方面的优势，虚拟化技术为企业带来了显著的效益。然而，也需要关注虚拟化技术可能带来的性能开销、安全性挑战以及技术实施和维护的难度等问题。只有在充分了解并妥善应对这些挑战的基础上，才能更好地发挥虚拟化技术在数字化转型中的作用。

第四节　数字化转型的驱动因素

一、技术进步

技术进步是数字化转型的重要驱动因素之一。云计算、大数据、人工智能和物联网等技术的发展为数字化转型提供了强大的技术支持和应用场景。随着这些技术的不断发展和完善，数字化转型将进一步深入各个领域，推动社会的进步和发展。因此，企业和组织应该积极拥抱数字化技术，加强数字化转型的投入和实践，以应对市场的挑战和机遇。

二、竞争压力

在当今日新月异的商业环境中，数字化转型已不再是企业的一个选择，而是生存和发展的必经之路。其中，竞争压力是推动企业数字化转型的关键因素之一。本节将详细探讨竞争压力如何驱动企业进行数字化转型，以及企业在这一过程中应如何应对和把握机遇。

首先，竞争压力促使企业不得不进行数字化转型，以提高竞争力。随着信息技术的迅猛发展和普及，传统行业面临着前所未有的挑战。新兴的数字企业以其高效、灵活、创新的经营模式，迅速占领了市场份额，给传统企业带来了巨大的压力。为了保持市场地位，传统企业不得不加快数字化转型的步伐，通过引入新技术、优化业务流程、提升客户体验等方式，提高自身的竞争力。

其次，竞争压力推动企业不断创新和升级。在数字化转型的过程中，企业需要不断探索新的商业模式、产品和服务，以满足消费者日益增长的需求。这种创新不仅体现在产品和服务上，还体现在企业管理模式、组织架构等方面。通过不断创新和升级，企业能够更好地适应市场变化，提高自身的核心竞争力。

最后，竞争压力促使企业加强内外部合作与资源整合。在数字化转型的过程中，企业需要与各方合作伙伴共同协作，推动数字化转型的进程。同时，企业还需要积极整合内外部资源，包括技术资源、人才资源、市场资源等，以形成合力，共同应对市场竞争。

然而，面对竞争压力，企业在数字化转型过程中也面临着诸多挑战。例如，技术更新换代迅速，企业需要不断跟进和学习新技术；同时，数字化转型需要大量的资金投入和人力资源支持，企业需要合理安排资源和资金，确保数字化转型的顺利进行。

综上所述，竞争压力是推动企业进行数字化转型的重要驱动因素。面对激烈的市场竞争，企业需要积极应对和把握机遇，通过数字化转型提高自身竞争力，实现可持续发展。

三、客户期望

客户期望的转变无疑是最为关键且持续的推动力。客户期望的变化不仅要求企业改进产品和服务，更促使企业从根本上进行业务流程、组织结构和企业文化的全面转型。

首先，客户期望的多元化和个性化对数字化转型提出了迫切需求。随着消费者主权时代的到来，客户不再满足于千篇一律的产品和服务，而是期望能够根据自己的需求和喜好进行定制。这就要求企业必须具备灵活的生产和供应链体系，以及强大的数据分析和处理能力，以便快速响应客户的个性化需求。数字化转型使得企业能够通过大数据分析、人工智能等技术手段，精准把握客户需求，并为其提供个性化的产品和服务，从而提升客户满意度和忠诚度。

其次，客户期望的高效便捷性推动了企业的数字化转型。在快节奏的现代生活中，客户对于企业的响应速度和服务效率有着极高的要求。数字化转型使得企业能够通过自动化、智能化的手段，提高业务流程的效率和准确性，缩短客户等待时间，提升服务体验。例如，通过在线平台或移动应用，客户可以随时随地获取所需的信息和服务，无须等待或受限于实体店面的营业时间。这种便捷性不仅提升了客户满意度，也为企业赢得了更多的市场份额。

最后，客户期望的透明度和互动性是数字化转型的重要驱动力。在社交媒体和互联网的普及下，客户对于企业的运营情况、产品质量、服务标准等方面有着更高的透明度要求。同时，客户也期望能够与企业进行更深入的互动和沟通，参与产品的设计和改进过程。数字化转型使得企业能够借助社交媒体、在线社区等渠道，与客户进行实时互动和反馈收集，以增强客户的参与感和归属感。同时，通过公开透明的信息披露和共享，企业能够提升客户的信任度和忠诚度。

综上所述，客户期望的转变是企业数字化转型的重要驱动力。为了满足客户的多元化、个性化、高效便捷、透明互动等需求，企业必须积极拥抱数字化转型，通过技术手段改进产品和服务，提升客户满意度和忠诚度。在未来的发展中，随着技术的不断进步和客户期望的不断提升，数字化转型将成为企业不可或缺的核心竞争力。

四、数据驱动

数据驱动不仅为企业提供了更精准、更高效的决策依据，还推动了企业业务模式、组织架构、运营方式等多方面的深刻变革。

数据驱动的核心在于利用大数据技术，通过对海量数据的收集、分析、挖掘和应用，从而揭示出数据背后的价值，为企业的决策提供有力支持。这种以数据为基础的决策方式，使得企业的决策更加科学、客观和精准，有效避免了主观臆断和盲目跟风的风险。

数据驱动在数字化转型中起到了至关重要的作用。

首先，数据驱动有助于企业更好地了解市场和客户需求。通过对市场数据的分析，企业可以掌握市场趋势和竞争格局，从而制定出更加符合市场需求的策略和产品。同时，通过对客户数据的挖掘，企业可以深入了解客户的喜好和需求，为客户提供更加个性化、精准的服务。

其次，数据驱动推动了企业业务模式的创新。传统的业务模式往往依赖于经验和直觉，而数据驱动则使得企业能够基于数据进行业务模式的优化和创新。通过对数据的分析和挖掘，企业可以发现新的商业机会和利润增长点，从而开发出更具竞争力的产品和服务。

最后，数据驱动促进了企业组织架构和运营方式的变革。在数据驱动的推动下，企业需要建立起更加灵活、高效的组织架构和运营流程，以适应快速变化的市场环境。同时，企业还需要培养一支具备数据思维和数据分析能力的人才队伍，以支持数据驱动决策的实施。

然而，数据驱动也面临着一些挑战和问题。例如，数据的采集、存储、处理和应用需要投入大量的技术和资源，企业需要不断提升自身的数据管理和应用能力。此外，数据的安全和隐私保护也是企业需要重视的问题，需要采取有效的措施来保障数据的安全和合规性。

综上所述，数据驱动是数字化转型的重要驱动因素之一，为企业带来了诸多机遇和挑战。企业需要充分认识到数据驱动的重要性，积极拥抱数字化转型，不断提升自身的数据化管理和应用能力，以应对日益激烈的市场竞争和变化多端的市场环境。

五、成本效率

成本效率作为数字化转型的重要驱动因素，正在推动企业加快数字化转型的步伐。

首先，数字化转型通过提高运营效率来降低成本。在传统运营模式下，企业往往面临信息不对称、流程烦琐、沟通不畅等问题，导致资源浪费和效率低下。而数字化转型可以通过引入先进的信息技术，实现数据的实时共享和流程的优化，从而提高企业的运营效率。例如，通过采用云计算技术，企业可以实现资源的弹性扩展和按需使用，避免了资源的浪费；通过引入人工智能技术，企业可以自动化处理大量重复性工作，降低人力成本。

其次，数字化转型有助于企业提高决策效率和精准度，从而降低决策成本。在数字化转型的过程中，企业可以收集并分析大量数据，以数据为驱动进行决策。这种基于数据的决策方式相比传统的经验式决策更加科学、精准，能够降低决策失误的风险。同时，数字化转型还可以实现决策过程的透明化和可视化，提高决策效率和执行效果。

最后，数字化转型有助于企业降低创新成本。在数字化时代，新技术的不断涌现为企业提供了更多的创新机会。通过数字化转型，企业可以更加便捷地获取新技术、新应用，并将其融入自身的业务中，从而推动创新。这种创新不仅可以帮助企业提升产品和服务的质量，还可以开辟新的市场领域，为企业带来更大的商业价值。

然而，数字化转型并非一蹴而就的，企业在推进数字化转型的过程中也面临诸多挑战。例如，企业需要投入大量的资金和资源来购买和维护数字化设备、系统和平台；同时，企业还需要培养一支具备数字化技能和素养的员工队伍，以支撑数字化转型的顺利进行。因此，企业在推进数字化转型时需要制订详细的计划和策略，以确保数字化转型能够为企业带来真正的价值。

综上所述，成本效率作为数字化转型的重要驱动因素，正在推动企业加快数字化转型的步伐。通过提高运营效率、决策效率和精准度以及降低创新成本，数字化转型可以帮助企业实现成本优化和效率提高，从而增强企业的竞争力和市场地位。虽然数字化转型面临着一些挑战，但只要企业能够制订合理的计划和策略，积极应对挑战并抓住机遇，就一定能够成功实现数字化转型，并获得更大的商业价值。

六、不断发展的业务模式

不断发展的业务模式正在深刻改变着企业的运营方式、市场定位和价值创造过程。

不断发展的业务模式要求企业具备更高的灵活性和创新性。传统的业务模式往往受到固定流程和结构的束缚，难以适应快速变化的市场环境。而数字化转型则通过引入先进的信息技术和数据分析工具，打破了这种束缚，使得企业能够更灵活地调整和优化业务结构，创新商业模式，以适应市场变化和满足客户需求。

数字化转型使得企业能够更好地实现跨部门和跨领域的业务协同。随着业务模式的发展，企业的业务范围不断拓宽，涉及更多的领域和部门。数字化转型通过整合各个部门和领域的数据和信息，实现了业务之间的无缝衔接和高效协同，提高了企业的整体运营效率和市场竞争力。

数字化转型还推动了企业向以客户为中心的业务模式转变。在数字化时代，满足客户的需求和体验成为企业成功的关键。数字化转型使企业能够更深入地了解客户的需求和行为，从而提供更个性化、精准的产品和服务。同时，企业也能够通过数字化渠道与客户建立更紧密的互动关系，提高客户满意度和忠诚度。

不断发展的业务模式还推动了企业向平台化、生态化方向发展。数字化转型使得企业能够构建开放、共享的平台，吸引更多的合作伙伴和生态伙伴加入，共同创造价值。这种平台化、生态化的业务模式不仅有助于企业拓宽业务范围和市场份额，还能够提高整个生态系统的竞争力和创新能力。

综上所述，不断发展的业务模式作为数字化转型的重要驱动因素，正在推动着企业不断向前发展。未来，随着技术的不断进步和应用场景的不断拓宽，数字化转型将为企业带来更多的机遇和挑战。企业需要紧跟时代步伐，积极拥抱数字化转型，不断创新和优化业务模式，以适应市场的变化和满足客户的需求，实现可持续发展。

七、组织领导层的明确愿景

在数字化转型的众多驱动因素中，组织领导层的明确愿景无疑是至关重要的一环。它不仅能为企业的转型提供明确的方向和目标，还能激发整个组织的积极性和创造力，共同推动数字化转型的深入实施。

组织领导层的明确愿景是数字化转型的核心驱动力。愿景是企业对未来的期望和追求，它反映了组织的核心价值观和发展方向。在数字化转型的过程中，组织领导层需要清晰地描绘出转型后的企业面貌，包括业务模式、组织架构、技术应用等方面的变革。这样的愿景不仅能为转型提供明确的指导，还能帮助员工更好地理解转型的意义和价值，从而增强他们的参与感和归属感。

明确愿景有助于形成统一的思想认识。数字化转型涉及企业的方方面面，需要各个部门和员工的共同努力。如果组织领导层没有明确的愿景，那么员工可能会对转型的目标和意义产生疑惑，甚至产生抵触情绪。而有了明确的愿景，组织领导层就能够通过有效的沟通和宣传，让员工认识到数字化转型的重要性和紧迫性，从而形成统一的思想认识，共同推动转型的顺利进行。

明确愿景还能促进资源的优化配置。数字化转型需要大量的资源和投入，包括资金、技术、人才等方面。如果组织领导层没有明确的愿景，那么企业可能会在转型的过程中出现资源浪费或配置不当的情况。而有了明确的愿景，组织领导层就能够根据转型的需求和目标，合理配置资源，以确保转型的顺利进行。同时，明确愿景还能够吸引更多的外部资源和合作伙伴，为企业的数字化转型提供有力的支持。

明确愿景还能激发员工的创造力和积极性。数字化转型不仅需要技术的支持，更需要员工的智慧和创造力。组织领导层的明确愿景能够激发员工的创新精神和探索欲望，让他们更加积极地参与到数字化转型的过程中来。员工会主动思考如何应用新技术、优化业务流程、提高工作效率等方面的问题，为企业的数字化转型贡献自己的力量。

组织领导层的明确愿景是数字化转型的重要驱动因素。它能够为企业的转型提供明确的方向和目标，形成统一的思想认识，促进资源的优化配置，激发员工的创造力和积极性。因此，在数字化转型的过程中，组织领导层应该注重制定并传达明确的愿景，以推动企业的数字化转型取得更好的成果。

第五节　数字化转型与企业战略

一、企业战略的内涵

企业战略作为指导企业长期发展的核心思想，其内涵丰富且深远。它不仅关乎企业当前的经营活动，更决定了企业未来的发展方向和市场定位。因此，深入理解和准确把握企业战略的内涵，对于企业的成功至关重要。

首先，企业战略是企业在市场竞争中寻求优势地位和持续发展的总体规划和布局，包括企业的市场定位、产品策略、竞争策略、营销策略等多个方面。企业战略旨在通过一系列具有针对性的措施，使企业在激烈的市场竞争中脱颖而出，实现可持续发展。

其次，企业战略具有长期性和全局性的特点。它着眼于企业的长远发展，而非短期利益。同时，企业战略需要考虑企业的整体利益，而非局部利益。因此，在制定企业战略时，需要全面考虑企业的内外部环境、资源能力、市场需求等因素，以确保战略的科学性和可行性。

再次，企业战略是动态调整的。市场环境的变化、竞争对手的策略调整、企业内部资源的变动等因素都可能影响企业战略的实施效果。因此，企业需要不断地对战略进行评估和调整，以适应市场的变化和实现企业的战略目标。

最后，企业战略体现了企业的核心价值观和文化特色。企业战略不仅是企业在市场竞争中的武器，更是企业文化的体现。通过实施企业战略，企业可以传递其核心价值观和经营理念，增强员工的归属感和凝聚力，提高企业的社会形象和品牌价值。

总之，企业战略是企业长期发展的灵魂和核心。它涵盖了企业的市场定位、产品策略、竞争策略等多个方面，具有长期性、全局性和动态性的特点。在构建企业战略时，企业需要全面考虑内外部环境和资源能力等因素，以确保战略的科学性和可行性。同时，企业还需要注重战略的落地和执行，通过具体的行动和成果来体现战略的价值和意义。只有这样，企业才能在激烈的市场竞争中立于不败之地，实现持续、健康、稳定的发展。

二、数字化转型背景下企业战略面临的挑战

企业需要在这股转型的洪流中找准方向，只有制定出符合自身实际和发展需求的战略规划，才能在激烈的市场竞争中立于不败之地。

数字化转型要求企业必须具备前瞻性的思维。传统的战略规划往往基于过去的经验和数据，但在数字化时代，这种规划方式已经无法满足快速变化的市场需求。企业需要借助大数据、人工智能等先进技术，对市场和用户进行深度分析，预测未来的发展趋势，从而制定出更具前瞻性的战略规划。

数字化转型对企业的组织架构和业务流程提出了更高的要求。传统的组织架构往往层级繁多，决策效率低下，而数字化转型需要企业具备更加灵活、高效的组织架构，以快速响应市场变化。同时，数字化转型也要求企业优化业务流程，实现业务的自动化、智能化，提高运营效率。这对企业来说，既是一个巨大的挑战，也是一个难得的机遇。

在数字化转型背景下，企业还面临着人才短缺的问题。数字化转型需要企业拥有具备数字化技能的人才，但当前市场上这类人才供不应求。企业需要加大人才培养和引进力度，建立完善的人才培养机制，并积极引进外部优秀人才，为企业的数字化转型提供有力的人才保障。

数字化转型带来的数据安全风险不容忽视。随着企业数字化转型的深入，数据已经成为企业的核心资产。但数据的泄露、篡改等风险也随之增加。企业需要加强数据安全保护，建立完善的数据安全管理制度和技术防护措施，确保企业数据的安全和稳定。

在数字化转型背景下，企业战略面临的挑战是多方面的，但只要企业能够积极应对、不断创新，就一定能够克服这些挑战，实现企业的持续发展。企业需要紧跟时代步伐，不断提升自身的数字化能力，以应对日益激烈的市场竞争。

三、数字化转型对企业战略制定与执行的影响

(一) 数字化转型对企业战略制定的影响

1. 数据驱动的决策制定

数字化转型使企业能够收集、分析和利用大量数据，为决策制定提供有力支持。通过对数据的深入挖掘，企业可以更准确地了解市场需求、客户行为、竞争对手动态等信息，从而制定出更具针对性和前瞻性的决策。此外，数据驱动的决策制定还可以降低决策的风险和不确定性，提高企业的竞争力。

2. 跨界融合与创新

数字化转型打破了传统行业的界限，使企业能够跨越行业、地域等限制，实现跨界融合与创新。通过与其他产业的合作与整合，企业可以开发出更具创新性和竞争力的产品或服务，从而拓展市场份额和提升品牌影响力。

3. 灵活性与适应性

数字化转型使企业能够更灵活地应对市场变化。在数字化时代，市场环境、客户需求和技术趋势都在不断变化。通过数字化转型，企业可以更快地调整战略、优化资源配置，以适应市场的变化。同时，数字化转型还可以提高企业的适应性，使其在面对突发事件或危机时能够迅速作出反应。

(二) 数字化转型对企业战略执行的影响

1. 提高运营效率

数字化转型通过引入先进的信息化技术和智能化设备，可以显著提高企业的运营效率。例如，自动化生产线、智能仓储系统、在线办公平台等都可以帮助企业降低运营成本，提高生产效率。此外，数字化转型还可以优化企业的供应链管理、客户关系管理等方面，进一步提高企业的综合竞争力。

2. 协同与沟通

数字化转型有助于加强企业内部和外部的协同与沟通。通过构建数字化平台，企业可以实现各部门之间的信息共享、资源互补和协同作业，从而提高工作效率和创新能力。同时，数字化转型还可以加强企业与供应商、客户等合作伙伴的沟通与协作，形成紧密的产业链和生态圈。

3. 客户体验与服务升级

数字化转型有助于提升客户体验和服务质量。通过引入数字化技术，企业可以为客户提供更便捷、个性化的服务。例如，通过移动应用、在线客服等方式，企业可以实时了解客户的需求并提供相应的解决方案。此外，数字化转型还可以帮助企业收集客户反馈和意见，为产品和服务的改进提供依据。

总之，数字化转型对企业战略制定与执行产生了深远的影响。企业需要紧跟时代潮流，抓住数字化转型的机遇，积极应对挑战，以实现战略转型和可持续发展。

四、有效融合数字化转型与企业战略的路径

数字化转型需要与企业战略紧密结合，确保两者相互协调、相互促进。本节将探讨有效融合数字化转型与企业战略的路径，帮助企业更好地应对市场挑战，实现可持续发展。

（一）明确企业战略定位与目标

数字化转型的首要任务是明确企业战略定位与目标。企业需要深入分析市场环境、竞争态势、客户需求等因素，确定自身的核心竞争力与发展方向。在此基础上，制定数字化转型的目标和预期成果，确保数字化转型与企业战略高度契合。

（二）制订数字化转型规划

在明确企业战略定位与目标后，企业需要制订详细的数字化转型规划。规划应包括转型的时间表、关键里程碑、所需资源、风险评估等内容。此外，企业还需根据自身实际情况，选择合适的数字化技术、平台和工具，为数字化转型提供有力支撑。

（三）建立跨部门协作机制

数字化转型涉及企业的各个方面，需要不同部门之间的紧密协作。因此，企业应建立跨部门协作机制，明确各部门的职责与角色，以确保数字化转型的顺利推进。同时，企业还应加强内部沟通，确保信息的畅通与共享，提高数字化转型的效率。

（四）培养数字化人才

数字化转型的成功离不开具备数字化思维与技能的人才。企业应加大对数字化人才的培养和引进力度，通过培训、招聘、合作等方式，打造一支具备数字化素养的专业团队。此外，企业还应建立良好的激励机制，以激发员工的创新精神和主动性，为数字化转型提供源源不断的动力。

（五）持续优化与迭代

数字化转型需要不断优化与迭代数字化战略和实施方案。通过收集和分析数据，企业可以了解数字化转型的成效与不足，及时调整战略方向和实施策略。同时，企业还应关注行业动态和技术发展，及时引入新的数字化技术和方法，保持竞争优势。

（六）建立数字化文化

数字化转型不仅是技术和工具的应用，更是一种文化和思维方式的转变。企业应建立数字化文化，鼓励员工树立数字化思维，敢于尝试新的方法和模式。同时，企业还应营造开放、合作、创新的氛围，为数字化转型提供有力的文化支撑。

（七）强化数据治理与安全保障

在数字化转型过程中，数据的安全和隐私保护至关重要。企业应建立完善的数据治理体系，确保数据的合规性、准确性和可靠性。同时，企业还应加强网络安全防护，避免数据泄露、黑客攻击等风险，为数字化转型提供坚实的安全保障。

第二章　国企数字化转型的现状与挑战

第一节　国企数字化转型的必要性分析

一、国有企业概述

（一）定义

国有企业，是指由国务院和地方人民政府分别代表国家履行出资人职责的国有独资企业、国有独资公司以及国有资本控股公司，包括中央和地方国有资产监督管理机构和其他部门所监管的企业本级及其逐级投资形成的企业。

国有企业，由国家对其资本拥有所有权或者控制权。国有企业是国民经济发展的中坚力量，是中国特色社会主义的支柱产业。

（二）特点

国有企业作为一种生产经营组织形式，同时具有商业类和公益类的特点，其商业性体现为追求国有资产的保值和增值，其公益性体现为国有企业的设立通常是为了实现国家调节经济的目标，起着调和国民经济各个方面发展的作用。

（三）分类

按照国有资产管理权限划分，国有企业分为中央企业（由中央政府监督管理的国有企业）和地方企业（由地方政府监督管理的国有企业）。对于个别中央企业在国家社会经济发展过程中所承担的责任较为特殊，归属于国务院直属管理，这些中央企业属于正部级。

（四）性质

国企的性质，就是全民所有制企业的性质。所谓全民所有制企业，实质就是企业生产资料归全体人民共同所有的企业。而所谓全民所有制企业的性质，就是生产资料归全体人民共同所有的企业所具有的性质。因而，所谓国企的性质，实质就是生产资料属于全体人民共同所有的企业所具有的性质。

全民所有制是社会主义生产关系的一种具体体现形式。在实行计划经济时，全民所有制企业是以国家所有制具体实现形式体现的。国家所有制具体实现形式，是通过全社会范围的经济联合，使劳动者取得生产资料共有者的地位。因而，这时国企作为由国家投资组建的从事产品（商品）生产经营活动的经济组织。实质是以劳动为谋生手段的劳动者与全民所有制生产资料实际结合的经济联合体。在全民所有制条件下，全体人民中的劳动者一面是具有平等地位的生产资料的共有者；另一面是由社会分工所决定的不同生产职能的专门化承担者。全民所有制企业就是这种全民所有制经济中媒介劳动者与全民所有制生产资料实际结合的经济关系环节。广大劳动者的双重身份就是通过这个经济组织结合起来而具体实现的。所以，国企本质上是全民所有制的具体实现形式。它是通过劳动者与全民所有制生产资料的结合，具体实现全民所有制生产关系的。

（五）重要性

国企为我国的经济建设作出了重要的贡献。在新中国成立初期，国家为了优先发展重工业和加快实现国家的工业化，拥有了国有资产和国有企业。随着中国社会主义经济体系的建立，国家拥有国有资产和发展国有企业的目标更多地转化成维护社会稳定和经济发展。国有企业继续深化改革，为新时代中国特色社会主义提供强有力的支撑。

首先，国有企业是国民经济的中流砥柱。虽然通过“抓大放小”的政策，一部分国有中小企业以租赁、承包、售出、参股等方式向产权多元化转变。但是，进入2000年，国有资产已经达到9万亿元，构成极其巨大而庞杂的体系，国有和国有控股企业在几乎所有的工业领域仍占据主导地位。2023年，国有企业营业总收入857306.1亿元，同比增长3.6%；全国国有及国有控股企业利润总额达46332.8亿元，同比增长7.4%。2024年5月，据财政部网站消息，1—3月，营业总收入同比增长3.2%，利润总额同比增长2.8%。

其次，国有企业是抗衡跨国公司的主力军。我国加入世界贸易组织（WTO）以后，国际知名的大型跨国公司大举进攻中国市场，各种洋货猛烈冲击国货。尽管民营经济已经有了很大的发展，但是由于其在技术、质量、规模等方面的显著差距，尚不能与跨国公司抗衡，而只有大型国有企业才是抗衡跨国公司的主力军。

再次，国有企业是中国支柱产业的重要支撑。2023年8月，财政部发布的最新数据显示，1—7月，全国国有及国有控股企业经济运行继续呈恢复性增长，增速略有下降。具体来看，1—7月，国有企业营业总收入477160.7亿元，同比增长4.3%；国有企业利润总额27332.5亿元，同比增长3.9%。

最后，国有企业仍是出口创汇的主要力量。大多数大型国有企业以销售额的1%左右投入研究与开发，有的达到2%，技术进步处于国内工业企业领先地位。

国有企业尤其是中央企业，依托其先天资源和禀赋，加快向战略性新兴产业转型的步伐，成为推动战略性新兴产业发展的主力军，充分显示了国有大型企业在中国国民经济中的中流砥柱作用。当然，中国大型国有企业与国外大型企业相比，有着不小的差距。一是企业平均规模小；二是盈利能力弱；三是产业结构陈旧；四是科技水平低。

二、国企数字化转型的必要性

在数字经济蓬勃发展的新时代，国有企业作为国民经济的重要支柱，其数字化转型已不再是选择，而是必须面对的时代命题。数字化转型不仅是企业适应数字经济时代发展新格局的必由之路，更是肩负国家经济发展新要求、把握企业发展新机遇的关键举措。

（一）顺应数字经济时代发展新格局

数字经济以其高效、智能、便捷的特性，正在深刻改变着传统产业的发展模式。在数字经济时代，数据成为新的生产要素，信息技术成为新的创新引擎，云计算、大数据、人工智能等新一代信息技术不断融合创新，为经济社会发展提供了强大动力。国有企业作为国民经济的骨干和中坚力量，必须顺应这一时代潮流，加快数字化转型的步伐，以数字化技术推动产业升级，提升企业的核心竞争力和可持续发展能力。

数字化转型能够帮助国有企业实现业务流程的优化和重构，提高管理效率。通过引入先进的信息化系统，企业可以实现数据的实时采集、分析和应用，使决策更加科学、精准。同时，数字化转型还能够推动国有企业的产品和服务创新，满足市场日益多样化的需求，提高企业的市场占有率和盈利能力。

（二）肩负国家经济发展新要求

大数据时代的到来，推动企业进行数字化转型，国企的数字化转型更是重中之重。党中央、国务院为了推动国企数字化转型，促进国企智能化、网络化、数字化发展，印发了一系列文件。党的二十大报告指出，要加强建设一流的世界型企业，提升企业的核心竞争力，推动国有企业和国有资本做大、做优、做强，加快国有经济结构调整和布局优化，深化国资国企改革。现在及未来，企业竞争的主战场将是数字经济领域，而国有企业的核心竞争力将通过数字化转型来提升。实体经济与数字技术融合，有利于增强国企的控制力、抗风险能力、竞争力、影响力和创新力。目前，中国经济发展进入新常态，传统企业运营模式已经无法适应时代的要求，企业数字化转型迫在眉睫。国有企业在这一过程中应起到引领作用。

当前国家高度重视数字经济发展，数字经济健康发展有利于推动构建新发展格局，有利于推动建设现代化经济体系，有利于推动构筑国家竞争新优势。国有企业作为中国特色社会主义经济的“顶梁柱”，是中国特色社会主义的重要物质基础，肩负着推动我国经济发展的重要责任，亟须进一步加快数字化转型进程。

在《“十四五”数字经济发展规划》和《数字经济 2024 年工作要点》等政策的指引下，国企数字化转型更是刻不容缓，是顺应数字经济时代发展、建设数字中国的必然要求。

1.《“十四五”数字经济发展规划》对国企数字化转型的启示

《“十四五”数字经济发展规划》为国企数字化转型提供了明确的战略方

向和政策支持。该规划强调数字技术与实体经济的深度融合，推动产业数字化转型，构建数字化产业生态。国有企业作为国家经济发展的中坚力量，必须率先响应这一规划，积极推动数字化转型。

首先，国企数字化转型有助于提高经济效益。通过数字化技术，国企可以实现业务流程的优化和升级，提高生产效率和经营效益。同时，数字化转型还可以帮助国企拓宽新的业务领域，发掘新的利润增长点，为经济发展注入新的动力。

其次，国企数字化转型有助于推动社会进步。数字化转型不仅是技术的革新，更是社会进步的体现。国企通过数字化转型，可以推动公共服务水平的提高，满足人民群众对美好生活的向往。同时，数字化转型还可以促进就业创业，缓解就业压力，为社会和谐稳定贡献力量。

2.《数字经济 2024 年工作要点》对国企数字化转型的启示

《数字经济 2024 年工作要点》进一步明确了国企数字化转型的具体任务和目标。该要点强调了适度超前布局数字基础设施、加快构建数据基础制度、深入推进产业数字化转型等九大方面的工作。

在数字基础设施建设方面，国企应发挥自身优势，积极参与全国一体化大数据中心体系的建设，推动云网协同和算网融合发展。同时，国企还应加快实施“东数西算”工程，提升数据中心跨网络、跨地域的数据交互能力，为数字经济发展提供坚实的基础设施支撑。

在产业数字化转型方面，国企应结合自身业务特点和发展需求，制订具体的数字化转型方案。通过引入先进的信息技术，国企可以推动生产方式的变革和产业结构的优化升级，提高产业链、供应链的稳定性和竞争力。

此外，国企还应加强数据安全保护，确保数字化转型过程中的信息安全和隐私保护。通过建立健全的数据安全管理制度和技术防护措施，国企可以有效防范数据泄露、滥用等风险，为数字化转型提供可靠的安全保障。

综上所述，国企数字化转型是肩负国家经济发展新要求的必然选择。在《“十四五”数字经济发展规划》和《数字经济 2024 年工作要点》等政策的指引下，国企应积极推动数字化转型，提高自身实力和发展水平，为推动国家经济高质量发展作出更大的贡献。

(三) 把握国有企业发展新机遇

随着信息技术的迅猛发展，数字化转型已成为当今企业发展的必然趋势。国有企业肩负着经济责任、政治责任和社会责任。数字化转型不仅是适应时代发展的必然选择，更是推动企业持续健康发展的内生动力。

其一，国有企业肩负的经济责任和社会责任构成了数字化转型的内生动力。

国有企业作为国民经济的重要支柱，其经济责任不言而喻。在全球化竞争日益激烈的今天，数字化转型能够帮助国有企业提高运营效率，优化资源配置，降低成本，从而增强市场竞争力，实现经济效益的最大化。同时，数字化转型还有助于国有企业创新商业模式，开拓新的利润增长点，为经济增长贡献新的动力。

数字化转型不仅是企业自身的需求，更是国家发展战略的重要组成部分。通过数字化转型，国有企业可以更好地服务于国家发展大局，推动产业升级和结构调整，为实现国家战略目标提供有力支撑。

此外，国有企业还承担着广泛的社会责任。数字化转型有助于提升国有企业的社会形象和公众认可度，增强企业的社会责任感和使命感。通过数字化手段，国有企业可以更好地履行社会义务，推动社会进步和发展。

其二，国有企业拥有充足持续的内外部资源和多层次全流程的核心能力，为数字化转型提供基础保障和动力资源。

国有企业在资源方面拥有得天独厚的优势。无论是资金、技术还是人才，国有企业都具备充足的内外部资源支持数字化转型。政府对于国有企业的支持力度也在不断加大，为数字化转型提供了有力的政策保障。

在核心能力方面，国有企业经过多年的发展积累，已经形成了多层次、全流程的核心能力。这些核心能力包括强大的研发能力、先进的制造能力、完善的市场营销能力等，为数字化转型提供了坚实的基础。通过数字化转型，国有企业可以进一步发挥这些核心能力的优势，提高企业的整体竞争力。

同时，国有企业还具备强大的组织能力和协同能力。数字化转型需要企业内部各部门的密切协作和高效沟通。国有企业可以通过加强内部管理和协调，形成数字化转型的合力，推动数字化转型的顺利进行。

国有企业数字化转型的必要性不言而喻。面对新时代的发展机遇和挑战，国有企业应积极把握数字化转型的契机，充分发挥自身优势，不断提高自身的核心竞争力，为推动我国经济社会持续健康发展作出更大的贡献。

综上所述，国有企业数字化转型是顺应数字经济时代发展新格局、肩负国家经济发展新要求、把握企业发展新机遇的必然选择。国有企业应该积极拥抱数字化转型，以数字化技术为驱动，推动企业的创新发展，为国民经济的高质量发展贡献更大的力量。

第二节　国企数字化转型的现状

一、国有企业数字化转型的宏观环境 PEST 分析

PEST 模型是研究企业运营外部大环境常用的方法之一，它主要是通过对四类要素进行分析和讨论，从而对企业运营外部宏观环境的整体进行把握，主要分为政策因素（Political）、经济因素（Eco-nomic）、社会因素（So-cial）和技术因素（Technological）。

（一）政策因素：政策引导下的国有企业数字化转型

国有企业一般具有非常鲜明的政策属性，所以，政策因素是目前国有企业数字化转型升级中比较重要的影响因素之一。2020 年，我国对当前国有企业数字化转型升级这一重大发展问题提出了新要求，并对其作出了相对详细的规划部署和统筹安排，并从宏观环境的角度为当前国有企业数字化转型提供了十分明确的方向指引。现阶段，国有企业持续加大升级改造力度，一方面发展传统型动能，另一方面不断为国有企业的发展注入数字化新动能。为进一步提高国有企业的市场竞争力，我国“十四五”规划纲要也提出了新的标准和新的具体要求，更进一步确定了国有企业在数字化转型升级浪潮中的中流砥柱作用，将国有企业树立为改革中的排头兵，为进一步推动经济高质量发展作出了非常大的努力。

（二）经济因素：数字经济的快速发展是国有企业数字化转型的基础

《中国数字经济如何引领全球新趋势》一文中具体指出了我国目前数字化转型过程中所面临的突出问题，即“电商交易额”这一重要经济指标由2006年的不到全球总量的1%到2016年的超过全球总量的40%。

由当前数据统计可知，我国目前的数字经济市场规模已经从2009年的2.5万亿元增加到2020年的近40万亿元。十余年来，我国的数字经济市场规模呈现出了迅速发展的良好态势，为了不断推动各类产业的转型升级朝着更深层次、更高水平的方向发展，我国的数字经济必须充分利用数据资源，在互联网背景下，各创新主体横向、纵向联合，使组织、服务、技术创新相互融合，释放经济社会发展动能。目前，国有企业的数字化转型升级作为一种新形式，也正越来越成为社会主义市场经济建设中的一支中坚力量。

（三）社会因素：市场竞争为国有企业数字化转型提供了动力

国内知名学者研究发现，我国的数字化转型升级对国有企业持续、健康发展具有重要的积极影响。面对当前国际国内的市场竞争格局，尤其是某些知名企业遭遇的“极限施压”，再一次证明中国不可能买来一个现代化，产业数字化平台战略正成为业内共识，“科技自立、时不我待”“信创可控”成为众多企业的诉求。另外，消费领域、基础技术、商业模式巨大变化的蝴蝶效应，为传统企业、劳动密集型企业、供应链环节等企业提供了数字化转型动力，并影响整个互联网行业数字化水平的显著提高。因此，社会大环境因素下国有企业数字化转型从某种程度上来讲，有利于提高国企的综合竞争力，国有企业的数字化转型是推动社会经济高质量发展的内在不竭动力。

（四）技术因素：数字技术是国有企业数字化转型的基石

科学技术的进步为国有企业的数字化转型升级提供了有力的技术支撑。区块链、大数据、云计算、物联网等新技术的进步发展，基础设施建设的不断完善，大大促进了大数据信息的有效、快速传播。2023年，我国规模以上互联网及相关服务企业（以下简称“互联网企业”）完成互联网业务收入17483亿元，同比增长6.8%。云服务、大数据服务共实现收入12470亿元；

全国软件和信息技术服务业规模以上企业超3.8万家，累计完成软件业务收入123258亿元，同比增长13.4%。软件业利润总额14591亿元，同比增长13.6%。

二、基于SWOT模型的国有企业数字化转型现状分析

(一) 优势分析

国有企业数字化转型的优势，包括转型基础优势、资金优势、人才优势、产业形态优势和产业能优势。

1. 转型基础优势

国有企业通常拥有强大的技术研发能力，为数字化转型提供了坚实的基础。国有企业通常拥有庞大的研发团队，具备先进的技术研发设施和设备，能够快速引进和应用新技术，实现数字化转型。此外，国有企业通常具有丰富的业务经验和资源，能够快速适应市场变化，为数字化转型提供了强大的支持。

2. 资金优势

国有企业通常拥有雄厚的资金实力，为数字化转型提供了有力的保障。国有企业在融资方面具有较高的信誉和良好的信用记录，能够获得更多的资金支持，从而加速数字化转型的进程。此外，国有企业还可以通过政策扶持和政府补贴等方式获得资金支持，降低数字化转型的成本和风险。

3. 人才优势

国有企业拥有庞大的人才队伍和强大的人力资源优势，使大多数国有企业和其他企业在数字化转型方面相比具有更加明显的优势。首先，国有企业工作环境相对于其他企业更加稳定、舒适，薪酬制度更加清晰、透明。所以，国有企业更容易吸纳优秀的数字型技术人才，且其内部数字人才的质量要明显优于其他相关企业；其次，国有企业内部拥有非常庞大的党员群体基础，国企内部的正式员工当中的党员所占的比例约超过50%。党员群体在国有企业员工当中属于相对质量较好的人才队伍，党员干部群体普遍具有较高的工作主动性、积极性、创造性。因此，国有企业在当前进行数字化转型时应该充分地发挥党员队伍的带动优势。

4. 产业形态优势

国有企业通常具有较为成熟的产业链和供应链体系，为数字化转型提供了有利的条件。国有企业可以利用产业链和供应链的优势，实现数字化升级和改造，提高生产效率和产品质量，增强市场竞争力。此外，国有企业还可以通过产业链和供应链的整合和创新，推动产业升级和转型，实现可持续发展。

5. 产业能优势

国有企业通常具有较为强大的产业能级和资源整合能力，为数字化转型提供了强大的支撑。国有企业在市场资源、技术和资本等方面具有较为明显的优势，能够为数字化转型提供更多的资源和支持。此外，国有企业还可以通过加强与国内外企业的合作，共同推动数字化转型的进程，实现互利共赢。

（二）劣势分析

现阶段，国有企业进行管控数字化、产业数字化、数字产业化过程中，存在一些不足。首先，由于一些领导者思想观念较难转变，导致企业数字化转型缺少顶层设计和战略规划；其次，数字化转型资金需求量大，企业需要把资金投入产业发展上，在数字化方面的投资有限；最后，企业文化变革不到位。数字化转型也是企业文化变革的过程，如果企业文化未能与时俱进，即使有先进的数字化技术平台、雄厚的资金，企业的管理理念、员工的工作状态也不会适应数字化发展要求，企业会被原有的惯性拉回既定轨道，影响数字化转型进程。

（三）机会分析

国有企业作为国家直接出资控股并提供技术服务研发的主要企业主体，具有一定的技术优势和资金支持。近年来，大多数国有企业与其子公司合作密切，全方位开展融洽的商业合作，国有企业从中吸收大量合作创新技术，利用“强强联合”的方式，逐渐形成具有强大竞争力的国企著名品牌，不断增强国有企业的市场竞争力。

（四）威胁分析

在数字化转型的道路上，国企面临着诸多威胁。

1. 技术层面的威胁

技术挑战是国企数字化转型的首要威胁。国企往往拥有庞大的业务体系和复杂的组织架构，数字化转型需要整合多个系统、数据，构建统一的信息平台。在这一过程中，技术选型、系统整合、数据迁移等难题层出不穷。此外，随着新技术的不断涌现，国企还需要不断更新迭代技术架构，确保信息系统的先进性和稳定性。

2. 组织文化层面的威胁

组织文化挑战是国企数字化转型的另一大威胁。国企在长期的发展过程中，形成了独特的组织文化和管理模式，数字化转型需要打破传统的思维定式，树立全新的管理理念。然而，这一过程中往往会遇到员工的抵触情绪、管理层的决策犹豫等问题，导致数字化转型难以深入推进。

3. 安全层面的威胁

随着数字化转型的深入，国企面临着越来越严峻的安全挑战。一方面，网络安全威胁日益严重，黑客攻击、数据泄露等事件频发；另一方面，数字化转型过程中的数据整合、共享也增加了数据泄露的风险。此外，国企还需要遵守严格的法律法规和监管要求，确保数据安全和合规性。

4. 资金投入层面的威胁

资金投入挑战是国企数字化转型的又一难题。数字化转型需要投入大量的资金用于技术研发、系统建设、人才培养等方面。然而，国企在资金方面往往受到较为严格的监管和限制，难以像私营企业那样灵活投入。此外，数字化转型的投资回报周期较长，短期内难以看到明显的经济效益，这也增加了国企在资金方面的压力。

5. 人才层面的威胁

人才挑战是国企数字化转型的又一重要威胁。数字化转型需要具备丰富的技术知识和创新思维的人才支持。然而，国企在人才方面往往面临着招聘难、培养难、流失高等问题。一方面，国企的薪酬水平和激励机制相对较弱，难以吸引和留住优秀人才；另一方面，国企的用人观念和晋升机制也需要进一步改进，以适应数字化转型的需求。

第三节　国企数字化转型面临的挑战

一、网络安全的挑战

（一）数字化转型背景下的网络安全挑战

数字化转型意味着国有企业将大量业务、数据和流程迁移到数字化平台上，这无疑增加了网络安全的风险。首先，数字化转型使得企业的信息系统更加复杂，攻击面也随之扩大。攻击者可能会利用系统中的漏洞进行攻击，窃取敏感数据或破坏业务运行。其次，数字化转型加速了数据的流通和共享，但同时也增加了数据泄露的风险。一旦敏感数据被非法获取或篡改，将给企业带来巨大损失。此外，数字化转型还带来了新型的网络威胁，如勒索软件、钓鱼攻击等，这些都对企业的网络安全构成了严重威胁。

（二）国有企业面临的网络安全挑战

国有企业在数字化转型过程中面临的网络安全挑战主要体现在以下几个方面：

（1）安全体系架构规划缺失。许多国有企业在数字化转型过程中缺乏整体性的网络安全规划，导致安全体系化缺失、碎片化严重。这使得企业在面对网络安全威胁时缺乏统一、有效的应对策略。

（2）安全运营保障能力不足。国有企业在网络安全日常管理工作上往往停留在技术运维层面，缺乏常态化的安全运营机制和保障流程。一旦发生重大网络安全事件，企业难以有效地进行应对和处置。

（3）安全工作成效难以度量。由于缺乏有效的安全建设目标分解手段和可衡量的明确指标，国有企业的安全管理工作往往缺乏统一标准，安全风险无法得到全面有效的监督。

二、技术挑战

（一）技术更新迅速，难以跟上步伐

数字化转型涉及的技术领域广泛，包括云计算、大数据、人工智能、物联网等。这些技术更新换代迅速，新的技术不断涌现，使得国有企业在选择和应用技术时面临巨大的压力。一方面，企业需要投入大量的人力、物力和财力来研究和掌握新技术；另一方面，即使掌握了新技术，企业也需要不断调整和优化业务流程，以适应技术的发展变化。

（二）数据安全问题亟待解决

数字化转型意味着企业需要处理和存储大量的数据，这些数据涉及企业的商业机密、客户信息等敏感信息。然而，随着网络安全威胁的日益增多，如何确保数据的安全性和隐私性成为国有企业数字化转型过程中的一大难题。企业需要建立完善的数据安全管理制度，加强数据加密、访问控制等措施，同时增强员工的数据安全意识，共同维护数据安全。

（三）系统集成难度大，缺乏统一标准

国有企业在数字化转型过程中，需要将原有的信息系统与新的技术平台进行集成，以实现数据的共享和业务的协同。然而，由于历史原因和技术差异，不同系统之间的数据格式、接口标准等存在差异，导致系统集成难度大、成本高。此外，行业内缺乏统一的数字化转型标准，也使得企业在推进数字化转型时面临一定的困扰。

三、业务模式与运营方式的挑战

（一）业务模式面临的挑战

1. 传统业务模式惯性大

国有企业长期形成的传统业务模式往往具有较大的惯性，难以迅速适应数字化转型的要求。这主要表现在企业对于新兴技术的接受程度较低，对

数字化转型的战略意义认识不足，以及缺乏创新的思维方式和灵活的市场响应机制。

2. 跨部门协同难度高

数字化转型需要企业内部各部门之间的紧密协同，但在国有企业中，由于历史原因和体制机制问题，部门之间的壁垒往往较为严重，导致数字化转型的推进受到阻碍。

（二）运营方式面临的挑战

1. 数据治理能力不足

数字化转型的核心在于数据的收集、整合和应用。然而，国有企业在数据治理方面普遍存在能力不足的问题，包括数据质量不高、数据标准不统一、数据安全风险大等，严重影响了其数字化转型的效果。

2. 运营流程烦琐低效

国有企业在运营流程上往往较为烦琐，决策链条长，响应速度慢。这种低效的运营方式不仅增加了企业的运营成本，也限制了数字化转型的推进速度。

四、人才挑战

（一）人才短缺与结构不合理

国有企业在数字化转型过程中，急需具备数字化技能和创新思维的人才。然而，当前市场上这类人才供不应求，导致企业难以招聘到合适的人才。同时，企业内部的人才结构也不尽合理，传统业务领域的人才较多，而数字化领域的人才相对较少，这制约了企业的数字化转型进程。

（二）人才培训与激励机制不完善

国有企业在人才培训和激励方面也存在一定的问题。一方面，企业对于员工的数字化技能培训不够重视，缺乏系统的培训计划和有效的培训资源，导致员工难以适应数字化转型的需求。另一方面，企业的激励机制不完善，数字化人才在晋升、薪酬等方面难以得到应有的认可和回报，这影响了人才的积极性和留任意愿。

（三）企业文化与数字化转型不匹配

国有企业在长期的发展过程中形成了相对稳定的企业文化，但这种文化往往与数字化转型的要求不相适应。一些企业过于注重稳定和传统，缺乏创新意识和冒险精神，不利于数字化人才的培养和引进。同时，企业内部对于数字化转型的认同度和支持度也参差不齐，影响了数字化转型的推进速度和效果。

国企数字化转型是一个复杂而艰巨的任务，面临诸多的挑战。为了成功推进数字化转型，国企需要积极应对这些挑战，加强顶层设计和战略规划，加大技术投入和人才培养力度，推动业务模式和运营方式的创新变革，同时营造开放、创新的企业文化氛围。只有这样，国企才能在数字化转型的大潮中迎头赶上，实现高质量发展。

第四节　国企数字化转型的技术要求与应用要求

一、国企数字化转型的技术要求

（一）建设数字化云平台

云平台是企业数字化发展的基石，在保障企业数据资产安全、强化企业智能化创新实践、提升企业数据价值三个方面具有不可替代的作用。随着大数据的应用，对云平台的底层技术要求越来越高，国企不能只关注云平台的使用，还要注重云平台的研发；不能仅仅将互联网应用和大数据服务上云，而应保证所有核心业务上云。在这种情况之下，国企对云平台的使用必须是高效的，要做到核心技术安全可控及能够自主创新，云服务运营运维管理统一，云平台对企业业务支撑稳定。

云平台的使用应实现从技术到效益的提升。目前，云平台能够提供SaaS、PaaS、IaaS、DaaS 等多层次的服务资源，支撑高效迅捷的开发应用，实现基础设施异构交付，实现云对平台的管理，云服务本身也能够实现统一管理。国企云平台的使用不能仅仅停留在技术层面，还应该通过云平台技术的变革提升国企的效益，因此云平台还应具备强大的承接资源能力，要能支撑虚拟机的上下线频繁变动，为国企的效益增值作出贡献。

（二）建设大数据中心

数据使用开发效率不高、数据质量较低，严重地制约了数据使用效率。对此，国企数据管理正在逐渐地规范化，从最初的“数据资产二十条”到现在的“数据资产入报表”，这是一个明显的进步。大数据时代，多元化的数据应用场景和快速扩张的数据规模，都在倒逼国企进行更严谨的数据资产管理工作，高质量的数据资产能够实现企业业务模式的创新和降低企业运营成本。虽然国企在数据资产管理方面不断进取，但是仍然存在一系列的问题，如业务增长速度远远高于数据开发速度、数据质量仍然不高、数据治理缺乏时效性等，这些都严重地制约了数据的使用价值的发挥。因此，当务之急，国企应积累高质量的数据资产，以便能够对多场景应用创新赋能，国企过去往往都是以单点业务为需求导向建设系统，导致各个系统难以对接，各种数据口径不一致，最终无法形成完善的数据库。同时，国企的数据管理缺乏主动性，缺乏长期合理的规划，在这种情况之下收集的数据，使用价值不大。数据开发应用应由数据中心统一调配，不仅要适应当前的项目需求，同时也要求数据实时同步及统一采集。

国企应搭建企业级别的数据中心，做好数据收集、业务安排、数据研发、主动治理等工作，以迭代的自动化流程提高数据的信度和效度，实现数据服务的高效重复使用和快速研发，对各种企业治理场景全面赋能。数据中心的建设重点在两个方面：一是形成高效的数据集成，通过优势融合，形成开放式、一体化的数据处理平台，支持多类型数据统一储存、加工、计算和供给，助力国企形成全域数据资产。二是在数据运营方法论的基础上，构建数据收集、数据分析、数据开发、数据编排、数据监控、数据治理、数据服务的全链条服务，提高数据开发和使用效率。

二、国企数字化转型的应用要求

(一) 开展数字化办公

在监管政策不断升级的影响下，国企办公体系作为包含人、财、物、事等关键信息并进行内外部协作沟通的核心工具，实现完全自主可控，保障核心数据信息资产安全，是国企可持续发展的关键。目前国企面对持续增长的业绩压力，旧的办公体系已无法高效地完成协同工作，亟须数字化技术对管理模式、组织结构、业务流程进行全面优化升级。国企对数字化办公的最终需求体现在四个方面，即建立平台化运营、建立统一安全体系、建立统一数据管理、建立统一管控平台。旧的办公系统多为独立实施，缺乏持续性，借助平台化能力，能够促进国企持续性运营；办公系统能够贯穿国企上下，所有的部门均参与其中，统一的安全体系能够确保网络安全和信息数据安全；旧的办公体系的基础数据分散于各个部门的各个子系统之中，没有形成完整的数据管理体系，只有将数据进行统一管理，才能发挥数据信息的真正价值，为决策和分析提供助力。在旧的办公体系中，国企的上下级部门以及平行部门都是彼此分离的，文件流转速度慢、流程烦琐，办公效率较低，统一的管控平台能够实现数据信息共享，有利于提高协同能力和工作效率。针对上述需求，国企需围绕自身的办公场景，搭建一个贯穿上下、全程可控的数字化办公系统，该系统应具备自主开发、安全可靠、数据管理、省时高效、高度集成等特点。

(二) 开展数字化人才管理

旧的人才管理方法已经无法满足新时代人才管理工作的需求。加强人才管理改革工作能够实现精准科学选材和优化人才管理决策，促进国企提高核心竞争力。在政策督导下，国企组织部门加强了对人才选拔任用的过程管理，但是旧的人才管理工作普遍存在人才监督难预警、考察谈话效率低、民主测评分析统计难、人才调整工作量较大、人才评价方式过于单一等难点。所以国企需借助数字化技术对人才管理的各个阶段进行赋能，提高用人、选人工作的效率。只有打造数字化的人才管理体系，才能为高质量人才队伍建设赋能。国企通过搭建全流程的人才管理平台，能够高效地解决上述人才管理难点。通过将人才考察谈话材料、考核数据、基础信息等数据进行汇总，可从中提炼出人才的核心标签，构建人才数理分析模型，清晰地呈现出人才的能力和素质等多维度动态，最终实现人岗相匹配。在人才监督方面，对监督全过程进行数据记录和整合，包括巡查、巡视等专项监督和个人事项报告等日常监督，并设置合理的监督规则，构建人才监督的预警体系，通过数据管控规范国企员工行为。

三、国企数字化转型的对策建议

（一）制定国企数字化转型战略

党的二十大提出，以数字化转型和科学技术创新催生出新的发展动能，这就为国企数字化转型提出了具体的要求，并指明了具体的方向。国务院国资委为加快推动国企数字化转型，制定并发布了相关的政策，组建创新协同平台，遴选和推广典型的成功案例，为国企数字化转型作出了引领。数字化转型是生产力的进步，是国企新阶段新发展的内生动力，作为国有企业，能够在多强密度、多高层次和多大范围对资源进行整合，决定着国有企业的发展边界和价值创造能力。国企领导应该充分认识并接受，数字化转型是由领导层进行主导的自上而下的变革。数字化转型不仅是技术领域的创新，更应该是领导力、战略、价值和认知的变革。所以要加强对国企数字化转型的战略规划和设计，系统地思考国企哪些方面和数字化转型紧密相关，数字化转型的推进会给国企带来哪些机遇和挑战，是否有其他同行业企业成功的数字化转型经验可借鉴，以及本企业的数字化转型从哪里切入，推动数字化转型需要如何从人才引进、资金支持、组织结构等方面提供保障。

（二）制定国企数字化转型路线

国企数字化转型如果要落到实处，就要有具体的转型路线，要从数字化平台、持续学习和改进、风险识别和管理、数字化业务等方面着手。数字化的平台能够通过网络存储和应用系统支撑快速变化的业务，必须保证其自主可控才能有效地支撑国企数字化转型。持续学习和改进就是建立绩效评估机制和反馈机制，鼓励全体员工将数字化思维落实到工作实践中。风险识别和管理是国企数字化转型中的保障，要制定合理的安全和数据隐私策略，建立灾难恢复机制。数字化业务要求国企具有数据收集、分析和管理的能力，为企业决策提供依据。对于国企来说，需深刻分析自身的技术条件和业务特点，选择内部合理的业务内容作为切入点，进行数字化转型。

（三）建立国企数字化平台

数字化平台建设是国企数字化转型的基础，关系国企数字化转型的成败。国企应对现有信息系统的重构，能够改善过去系统零散、孤立、无法对接的状况，这是国企数字化转型的基础。平台服务商应加大数字化平台的研发资金投入，使数字化平台能更好地满足创新方面的需求，实现可组装、云原生、安全稳定、自主可控。数字化平台的建设能够实现对国企的技术赋能，不仅能够扩展消费需求和创造新的就业机会，还能推动产业变革和技术创新，延展生产的边界，有效地降低劳动成本，提高国企的盈利能力。技术赋能的数字化方向主要包括四个方面：催生新模式新业态新产业、促进产业融合、提升劳动生产率、拉动收入增长。

（四）搭建国企数字化组织

国企数字化转型需要能够与之匹配的数字化组织，以应对和管理未来的各种变化。数字化组织依然是平台型的组织，具有大后台、强中台及小前台的特征，能够实现以客户需求驱动企业决策，从员工到领导都为客户服务。毫无疑问，这样的组织是高效的，其结构是扁平化的。国企数字化组织是自驱型组织，每一个成员和部门都是组织的驱动力，所有的组织成员都将获得展示才华的机会。国企数字化组织还是数驱型组织，数据能够驱动组织的运转，基于数据的决策更具客观性。数字化组织要求高管团队中有能够进行数字化管理的领导，将技术、营销和业务结合起来；同时，要求中层和基层都能接受数字化管理，他们都是数字化建设过程中的执行者。国企数字化组织在项目建设中，需要大量的数字化专业人员，通过技术来实现数字化，并实时给出更加适合企业的技术方案修改意见。这些技术人员往往由第三方提供，在国企数字化转型过程中需要第三方技术人员全程提供服务，如此才能保障项目的顺利完成。

新一轮的产业变革和科技革命即将到来，全球经济发展处于一个瓶颈期，谁先走出来，谁就占有先机。数字化转型是未来企业发展的核心引擎，是创新驱动发展的核心动力。国有企业在现阶段要发挥国有经济的主导作用，主动引领和把握数字化转型，带领我国经济在这轮变革中抢占先机。国企数字化转型是一项系统工程，涉及管理、组织、技术和业务等方方面面，需多方协力共同完成，这是国企数字化转型成功的关键。

第五节　国企数字化转型应处理的关系

一、战略与执行的关系

战略是数字化转型的指南针，它明确了企业未来的发展方向和目标。对于国有企业而言，制定一个符合自身实际和发展需求的数字化战略至关重要。这个战略应该基于对外部环境的深入分析和对内部资源的全面评估，既要考虑到行业的发展趋势和竞争格局，又要结合企业的业务特点和自身优势。通过制定明确的战略，国有企业可以为数字化转型提供清晰的指引和有力的支持。

执行是将战略转化为具体行动和成果的关键环节。在数字化转型的过程中，国有企业需要建立一支高效的执行团队，通过制订详细的实施计划和时间表，确保各项任务能够按时、按质完成。同时，企业还需要建立健全的监督和考核机制，对执行过程进行全程跟踪和评估，及时发现问题并采取有效的措施进行解决。

战略与执行之间的关系是相辅相成、相互促进的。一方面，战略为执行提供了方向和目标，使执行团队能够明确自己的职责和任务；另一方面，执行的不断推进和反馈为战略的调整和优化提供了依据。在数字化转型的过程中，国有企业需要不断根据实际情况对战略进行调整和完善，同时加强执行力度和效率，以确保战略能够得到有效实施。

综上所述，国有企业数字化转型中战略与执行关系的处理至关重要。企业需要制定明确的数字化战略，建立高效的执行团队，加强监督和考核，确保战略能够得到有效实施。同时，还需要处理好内部管理与外部协同、技术创新与业务发展等方面的关系，为数字化转型的顺利推进提供有力保障。只有这样，国有企业才能在数字化浪潮中立于不败之地，实现持续健康发展。

二、创新与能力的关系

在数字化转型进程中，创新与能力的关系处理显得尤为重要，它们既相互依存又相互促进，共同构成了国企数字化转型的两大基石。

创新是国企数字化转型的源动力。数字化转型不仅仅是技术层面的更新升级，更是一场涉及业务模式、组织结构、企业文化等多方面的深刻变革。在这一过程中，创新思维和创新能力的培养至关重要。国企需要敢于打破传统思维的束缚，积极探索适合自身特点的数字化转型路径。同时，还要注重培养员工的创新意识和创新能力，鼓励他们在实践中不断尝试新方法、新技术，推动数字化转型的深入发展。

然而，创新并不意味着盲目冒进。国企在数字化转型过程中，必须充分认识到自身能力的局限性，并在创新过程中注重能力的积累和提升。数字化转型需要强大的技术支撑和人才保障，国企需要在技术研发、人才培养等方面加大投入，不断提升自身的数字化能力。只有具备了足够的能力储备，国企才能在数字化转型的道路上走得更远、更稳。

创新与能力的关系在国企数字化转型中呈现出一种动态平衡的状态。一方面，创新能推动国企不断突破自身的能力边界，拓展数字化转型的广度和深度；另一方面，能力的提升又为创新提供了更加坚实的基础和更加广阔的空间。这种相互促进的关系使得国企在数字化转型的道路上能够不断前行、不断超越。

当然，处理创新与能力的关系并非易事。国企需要在数字化转型的过程中保持清醒的头脑和务实的态度，既要敢于创新、勇于尝试，又要注重实际、量力而行。同时，还需要加强内外部的沟通协调，形成合力，共同推动国企数字化转型的顺利进行。

总之，国企数字化转型中的创新与能力关系处理是一项复杂而重要的任务。只有正确处理好这两者之间的关系，国企才能在数字化转型的道路上取得更加显著的成效，为国家的经济发展和社会进步作出更大的贡献。

三、交付与运营的关系

交付与运营在国企数字化转型中扮演着不同的角色。交付阶段主要关注技术实施、系统部署以及功能实现，它是数字化转型的基础和前提。而运营阶段则侧重于系统的稳定运行、数据的分析利用以及业务的持续创新，它是数字化转型成果的具体体现和价值所在。

然而，在实际操作中，交付与运营之间往往存在着一些矛盾和挑战。一方面，交付阶段可能过于注重技术的先进性和系统的完整性，而忽视了实际业务需求和用户体验，导致交付成果与运营需求之间存在较大差异。另一方面，运营阶段可能由于缺乏足够的技术支持和维护能力，难以充分发挥数字化转型的潜力，甚至可能面临系统崩溃、数据丢失等风险。因此，处理好交付与运营的关系对于国企数字化转型至关重要。首先，企业需要树立正确的数字化转型理念，将业务需求和用户体验作为数字化转型的出发点和落脚点，确保交付成果能够满足运营需求。其次，企业需要加强交付与运营之间的沟通与协作，建立有效的信息共享和反馈机制，及时发现和解决问题，确保数字化转型的顺利进行。此外，企业还应注重培养数字化人才，提高员工的数字化素养和技能水平，为数字化转型提供有力的人才保障。

除了以上措施外，国企还可以借鉴其他成功企业的数字化转型经验，结合自身实际情况进行创新和优化。例如，可以探索采用敏捷开发、DevOps 等先进的项目管理方法和技术手段，提高交付效率和质量；可以加强数据治理和数据分析能力建设，提升数据质量和利用价值；可以推动业务与技术的深度融合，实现业务流程的优化和创新。

总之，国企数字化转型中的交付与运营关系处理是一项复杂而重要的任务。企业需要树立正确的理念、加强沟通与协作、培养数字化人才、借鉴成功经验等多方面的努力，这样才能确保数字化转型的顺利进行和取得实效。只有这样，国有企业才能在激烈的市场竞争中保持领先地位，为国家经济的发展作出更大的贡献。

四、技术创新与业务发展的关系

技术创新是国企数字化转型的重要驱动力。通过引进先进的信息技术，如云计算、大数据、人工智能等，国企能够优化业务流程、提高运营效率、降低运营成本。同时，技术创新还能够为国企带来新的商业模式和服务方式，拓宽企业的业务范围和市场空间。因此，国企应高度重视技术创新在数字化转型中的作用，加大技术研发投入，推动技术创新与产业升级的深度融合。

业务发展是国企数字化转型的最终目标。数字化转型不是单纯的技术升级，而是要通过技术手段推动业务的创新发展。国企在数字化转型过程中，应紧密结合自身的业务特点和市场需求，制定针对性的数字化转型战略。通过技术创新优化业务流程、提高产品质量和服务水平，进而实现业务的快速增长和市场份额的扩大。同时，国企还应积极探索新的商业模式和增长点，以创新驱动业务发展，实现企业的可持续发展。

在处理技术创新与业务发展之间的关系时，国企应注意以下几点：

（1）以业务需求为导向。技术创新应紧密围绕业务需求进行，避免技术导向的盲目创新。国企应深入了解市场需求和客户痛点，通过技术创新解决业务问题，提升客户满意度。

（2）加强跨部门协作。技术创新与业务发展的融合需要各部门之间的紧密协作。国企应建立跨部门协作机制，加强技术研发部门与业务部门之间的沟通与合作，共同推动数字化转型的顺利实施。

（3）注重人才培养与引进。技术创新与业务发展都需要高素质的人才支撑。国企应加大人才培养和引进力度，建立一支既懂技术又懂业务的复合型人才队伍，为数字化转型提供有力的人才保障。

（4）持续优化与迭代。数字化转型是一个持续的过程，国企应不断优化和迭代数字化转型战略和实施方案。通过定期评估数字化转型的效果和存在的问题，及时调整技术创新和业务发展的方向，确保数字化转型的顺利实施和企业的可持续发展。

国企在数字化转型过程中应处理好技术创新与业务发展的关系，以技术创新为驱动，以业务发展为目标，推动企业的数字化转型和产业升级。通过加强跨部门协作、注重人才培养与引进以及持续优化与迭代等措施，国企能够在数字化转型的道路上不断前行，实现企业的可持续发展和竞争优势的提升。

综上所述，国有企业在数字化转型过程中需要处理好上述关键关系。只有在这些方面取得平衡和协调，才能确保数字化转型的顺利进行，为企业的发展注入新的动力。

五、内部管理与外部协同的关系

(一) 内部管理：夯实数字化转型的基础

内部管理是国企数字化转型的基石。在数字化转型的过程中，国企应明确数字化转型的战略目标，并据此制订详细的实施计划。同时，加强内部组织结构的优化和流程再造，确保数字化转型的各项工作能够高效、有序地推进。此外，国企还应加强对员工的培训和教育，提高员工的数字化素养和技能水平，为数字化转型提供有力的人才保障。

在内部管理过程中，国企应注重数据的整合与利用。通过建立统一的数据平台，实现数据的集中存储、管理和分析，为企业的决策提供有力支持。同时，加强对数据的安全保护，确保数据的安全性和隐私性。

(二) 外部协同：拓宽数字化转型的边界

外部协同是国企数字化转型的重要补充。在数字化转型的过程中，国企应积极与产业链上下游企业、合作伙伴以及政府机构等外部实体建立良好的合作关系，共同推动数字化转型的进程。通过外部协同，国企可以获取更多的资源、技术和市场信息，为自身的数字化转型提供有力支持。

在外部协同过程中，国企应注重合作机制的建设和完善。通过签订合作协议、建立合作平台等方式，明确各方的权责利关系，以确保合作的顺利进行。同时，加强与合作伙伴之间的沟通和交流，共同解决数字化转型过程中遇到的问题和挑战。

（三）平衡内外关系：实现数字化转型的可持续发展

在国企数字化转型过程中，内部管理与外部协同是相互依存、相互促进的关系。内部管理为外部协同提供了坚实的基础和有力的保障，而外部协同则为内部管理提供了更广阔的发展空间和更多的资源支持。因此，国企在推进数字化转型时，应注重平衡内部管理与外部协同的关系，以实现二者的良性互动和协调发展。

为实现这一平衡，国企需建立一种内外兼修、协调发展的数字化转型模式。在内部管理方面，不断完善组织架构、优化业务流程、提升员工素质，为数字化转型提供稳定可靠的内生动力。在外部协同方面，积极寻求合作伙伴、拓宽合作领域、深化合作层次，为数字化转型注入源源不断的外部活力。

国企数字化转型是一项系统工程，需要妥善处理内部管理与外部协同之间的关系。通过加强内部管理、拓展外部协同以及平衡内外关系，国企可以顺利推进数字化转型进程，实现高质量发展。未来，随着技术的不断进步和市场的不断变化，国企应继续深化数字化转型的探索和实践，为企业的长远发展奠定坚实的基础。

综上所述，国有企业在数字化转型过程中需要处理好上述关键关系。只有在这些方面取得平衡和协调，才能确保数字化转型的顺利进行，为企业的发展注入新的动力。

第三章　建设智慧国企的战略路径

第一节　国企数字化转型与智慧国企的关系探讨

一、智慧国企的概念

智慧国企，是指利用现代信息技术和智能技术，实现企业内部管理、生产运营、市场营销等全方位智能化升级，提高企业的运营效率、管理水平和市场竞争力，进而实现可持续发展的一种新型企业形态。

智慧国企的构建是一个系统工程，它涵盖了对云计算、大数据、物联网、人工智能等一系列前沿技术的应用。通过对数据的采集、处理、分析和挖掘，智慧国企能够实现对内外部环境的精准感知、科学决策和智能控制，从而优化资源配置，提高生产效率，降低成本，提高企业的核心竞争力。

二、智慧国企的特征

(1) 数据驱动。智慧国企的核心是数据，它利用大数据技术实现对海量数据的收集、存储、分析和挖掘，通过数据驱动决策，实现对企业运营状况的实时监控和精准预测。

(2) 智能化管理。智慧国企通过引入人工智能、机器学习等技术，实现对企业管理的智能化升级。无论是人力资源管理、财务管理，还是供应链管理，都可以通过智能化系统实现自动化、精准化和高效化。

(3) 协同化运营。智慧国企注重企业内部各部门之间的协同合作，打破信息孤岛，实现信息共享和资源整合。通过构建一体化的信息平台和业务流程，提高企业内部运营的协同性和效率。

(4) 创新驱动。智慧国企强调创新驱动，通过技术创新、管理创新、商业模式创新等多种方式，推动企业不断发展壮大。同时，智慧国企还注重培养员工的创新意识和创新能力，为企业的持续发展提供源源不断的动力。

总之，智慧国企是信息技术和智能技术与传统企业深度融合的产物，它将为企业带来前所未有的发展机遇和挑战。未来，随着技术的不断进步和应用，智慧国企将成为推动经济社会发展的重要力量。

三、智慧国企建设的必要性与重要性

随着信息化时代的飞速发展，数字化技术已成为推动社会进步和经济发展的重要力量。在这一时代背景下，智慧国企建设显得尤为重要。它不仅是国企适应信息化时代发展趋势的必然要求，更是国企实现创新驱动、转型升级的关键途径。

（一）智慧国企建设的必要性

1. 顺应信息化时代发展趋势

在信息化时代，数据成为新的生产要素，数字化技术深刻改变着企业的生产经营方式。国企作为国家经济发展的重要支柱，必须紧跟时代步伐，加强智慧化建设，以便更好地应对信息化带来的挑战。

2. 优化生产经营流程

智慧国企建设通过应用大数据、云计算、人工智能等先进技术，可以实现对生产经营流程的数字化管理，优化资源配置，提高生产效率。同时，智慧化技术还可以帮助企业精准预测市场需求，指导企业科学决策。

3. 提高管理效率

智慧国企建设能够打破传统管理模式下的信息孤岛，实现信息的实时共享和高效利用。这不仅可以提高管理效率，降低管理成本，还可以帮助企业快速响应市场变化，增强企业竞争力。

4. 降低成本

通过智慧化改造，国企可以实现对生产设备的远程监控和智能维护，减少设备故障率，降低维修成本。同时，智慧化技术还可以帮助企业实现精准采购和库存管理，降低库存成本。

5. 提升产品和服务质量

智慧国企建设可以实现对产品和服务质量的全程监控和追溯，确保产品和服务的质量稳定可靠。同时，智慧化技术还可以帮助企业实现个性化定制和柔性生产，满足消费者多样化的需求。

（二）智慧国企建设的重要性

1. 推动创新驱动发展

智慧国企建设可以激发国企的创新活力，推动企业在技术创新、管理创新、模式创新等方面取得突破。通过引入新技术、新应用，国企可以开发出更多具有市场竞争力的新产品和服务，以提高企业的核心竞争力。

2. 促进转型升级

智慧国企建设有助于国企实现从传统制造向智能制造、从劳动密集型向技术密集型、从资源消耗型向绿色环保型的转型升级。这不仅可以提高国企的经济效益和社会效益，还可以为国企的可持续发展奠定坚实的基础。

3. 应对市场竞争挑战

在激烈的市场竞争中，智慧国企建设可以帮助国企更好地把握市场机遇，应对市场挑战。通过智慧化改造，国企可以实现对市场需求的精准把握和快速响应，进而提高市场占有率和客户满意度。

四、国企数字化转型与智慧国企的关系

国企数字化转型不仅要求国企在技术层面进行升级，更需要在企业文化、组织结构、人才培养等方面进行全面改革。

智慧国企则是国企数字化转型的高级阶段，它强调通过智能化技术实现企业的全面智慧化。在智慧国企的建设中，信息技术不再只是一种工具或手段，而是成为企业运营和管理的核心要素。智慧国企不仅关注技术的运用，更注重通过技术实现企业的智能化决策、智能化生产、智能化服务等目标，从而提高企业整体的竞争力和可持续发展能力。

国企数字化转型与智慧国企的关系，可以看作一个逐步深化、不断升级的过程。数字化转型为智慧国企的建设提供了基础和支撑，而智慧国企则是数字化转型的目标和归宿。两者相互促进、相互依存，共同推动着国企向更高层次、更广阔领域的发展。

在实践中，国企应积极探索数字化转型与智慧国企建设的有效路径。一方面，要加大对信息技术的投入和研发力度，推动新技术在国企的广泛应

用；另一方面，要注重人才培养和团队建设，打造一支具备数字化思维和创新能力的专业化队伍。同时，国企还应加强与外部合作伙伴的协同合作，共同推动数字化转型和智慧国企建设的深入发展。

国企数字化转型与智慧国企的深度融合，是国企创新发展的必由之路。通过数字化转型和智慧国企建设，国企将能够更好地适应时代发展的需要，提高自身的竞争力和可持续发展能力，为国家经济的高质量发展作出更大的贡献。

第二节　制定数字化转型战略

智慧国企建设，作为数字化转型的高级阶段，对于提高国有企业的运营效率、创新能力及市场竞争力具有重要意义。而制定数字化转型战略，则是智慧国企建设的首要任务与关键所在。

一、数字化转型战略对智慧国企建设的重要性

数字化转型战略是智慧国企建设的核心指引。它明确了企业未来的发展方向和目标，为各项改革提供了清晰的路线图。通过数字化转型，国企可以打破传统的管理模式和业务边界，实现数据资源的有效整合和高效利用，进而提高企业的决策效率和响应速度。

数字化转型战略有助于推动国企的创新发展。在数字化技术的支持下，国企可以探索新的业务模式、服务方式和产品形态，打造差异化竞争优势。同时，数字化转型还可以促进企业文化的变革和人才结构的优化，为企业的长远发展奠定坚实的基础。

二、制定智慧国企数字化转型战略的依据

制定智慧国企数字化转型战略需要充分考虑企业的实际情况和发展需求，包括企业的规模、业务领域、市场地位以及资源条件等因素。只有深入了解企业的现状和需求，才能制定出符合企业实际的数字化转型战略。

数字化转型战略的制定需要遵循国家相关政策和法规的要求。国家对于国有企业的数字化转型有着明确的政策导向和支持措施，企业在制定数

字化转型战略时应充分考虑这些政策和法规的要求，确保其合规性和可操作性。

此外，制定数字化转型战略还需要借鉴行业最佳实践和先进经验。不同行业的数字化转型路径和模式可能存在差异，企业应结合行业特点和发展趋势，选择适合自己的数字化转型路径和模式。

综上所述，制定数字化转型战略是智慧国企建设的关键一步。国企应充分认识到数字化转型战略的重要性，依据企业实际情况和发展需求，结合国家政策和行业最佳实践，制定出符合自身特点的数字化转型战略，为企业的智慧化转型提供有力支撑。

三、制定智慧国企数字化转型战略的流程

（一）设定目标

制定数字化转型战略的首要步骤是设定目标。智慧国企的建设目标应围绕提高运营效率、优化资源配置、增强创新能力等方面展开。具体而言，可设定如下目标：实现企业内部管理流程的数字化和智能化，提高决策效率和响应速度；通过数据分析和挖掘，优化资源配置，降低运营成本；利用先进的信息技术，推动产品和服务创新，增强市场竞争力。

（二）分析现状

在设定目标之后，需要对企业的现状进行深入分析。这包括了解企业当前的信息化水平、业务流程、组织结构以及人才储备等方面的情况。通过现状分析，可以找出企业在数字化转型过程中可能面临的障碍和挑战，为制定针对性的战略提供依据。

（三）战略框架

基于企业现状与市场环境的分析，国企可构建包括技术、业务、组织、文化等多个维度的数字化转型战略框架。在技术层面，关注云计算、大数据、人工智能等前沿技术的应用；在业务层面，推动业务流程的优化与创新；在组织层面，调整组织架构，优化人才配置；在文化层面，培育数字化

思维，营造创新氛围。

（四）实施策略

为确保数字化转型战略的顺利实施，国企需制定具体的实施策略。首先，要制订详细的实施计划，明确各阶段的目标、任务和时间节点；其次，加强项目管理与协同，确保各项任务得到有效执行；再次，建立数字化转型的评估与反馈机制，及时发现问题并进行调整；最后，加强数字化人才培养与引进，为数字化转型提供有力的人才保障。

（五）评估风险

在数字化转型过程中，企业不可避免地会面临各种风险。因此，评估风险是制定数字化转型战略不可或缺的一环。企业应对可能出现的技术风险、安全风险、组织风险等进行全面评估，并制定相应的风险应对措施。这包括加强技术研发和创新能力，提高信息安全保障水平，优化组织结构和流程等。

（六）持续优化

数字化转型是一个持续的过程，国企需要根据市场环境的变化和企业发展的实际情况，不断优化和迭代数字化转型战略。通过定期评估战略实施效果，总结经验教训，及时调整战略方向和实施策略，确保数字化转型始终与企业发展目标保持一致。

总之，建设智慧国企是一项复杂而艰巨的任务，需要企业在制定数字化转型战略时全面考虑目标设定、现状分析、战略框架和风险评估等方面的内容。通过科学规划和有效实施，国有企业可以顺利实现数字化转型，提高竞争力，为国家的经济发展和产业升级作出更大贡献。同时，企业也应保持开放和创新的思维，不断适应新技术和新模式的发展，以推动智慧国企建设的持续深化和发展。

第三节　构建数字化平台

随着信息技术的迅猛发展和数字化转型的深入推进，国有企业（国企）作为国家经济发展的重要支柱，正面临着前所未有的发展机遇与挑战。为了提升国企的核心竞争力，实现高质量发展，建设智慧国企成为必然选择。而构建数字化平台，则是实现智慧国企战略目标的关键路径。

数字化平台以数字化为核心，通过互联网和计算机技术，实现信息的传递、数据的处理和服务的交付。数字化平台的出现，极大地改变了人们的生活方式和工作方式，成为推动经济社会发展的重要力量。

一、数字化平台在智慧国企建设中的作用

（一）提高业务效率

数字化平台通过集成先进的信息技术和应用，实现了业务流程的自动化和智能化。在智慧国企建设中，数字化平台不仅能够帮助企业实现内外部信息的快速传递和共享，还能优化作业流程，减少人工干预，提高工作效率。例如，通过采用云计算、大数据等技术，数字化平台可以实时监控和分析企业运营数据，帮助企业精准掌握业务状况，快速响应市场变化，从而提高其整体业务效率。

（二）优化资源配置

数字化平台能够对企业资源进行全面、精准的掌握和管理，帮助企业实现资源的优化配置。通过数字化平台，企业可以实时了解各类资源的分布和使用情况，避免资源的浪费和重复配置。同时，数字化平台还能根据业务需求和市场变化，灵活调整资源配置方案，确保企业资源的高效利用。

（三）增强创新能力

数字化平台为智慧国企提供了强大的创新能力支撑。通过引入人工智能、物联网等前沿技术，数字化平台可以帮助企业探索新的业务模式和服务

方式，推动企业的创新发展。此外，数字化平台还能为企业提供丰富的数据资源和信息支持，帮助企业洞察市场趋势和客户需求，为创新提供源源不断的动力。

（四）提升决策水平

数字化平台通过提供全面、准确的数据支持，为企业决策提供了有力的依据。在智慧国企建设中，数字化平台能够帮助企业实现决策的科学化和智能化。通过对数据的挖掘和分析，数字化平台可以揭示数据背后的规律和趋势，为企业提供精准的决策建议。同时，数字化平台还能模拟和预测不同决策方案的效果，帮助企业选择最优的决策方案，降低决策风险。

综上所述，数字化平台在智慧国企建设中发挥着至关重要的作用。未来，随着技术的不断进步和应用的不断深化，数字化平台将在更多领域和更深层次上推动智慧国企的建设和发展。国有企业应积极拥抱数字化转型，加强数字化平台的建设和应用，不断提高企业的核心竞争力和可持续发展能力。

二、智慧国企数字化平台的搭建

（一）建立组织档案

组织档案是智慧国企数字化平台的基础。通过建立全面、准确、动态的组织档案，企业能够实现对其组织架构、部门职能、人员信息等关键要素的数字化管理。在建立组织档案的过程中，应充分利用现代信息技术手段，如大数据、云计算等，以确保档案信息的实时更新和动态维护。同时，还要加强组织档案的保密性和安全性，防止信息泄露和非法获取。

（二）确认位置信息

位置信息对于智慧国企数字化平台同样至关重要。通过确认并管理国企的地理位置信息，包括办公地点、生产基地、仓库等，能够实现对资源分布、物流运输等方面的精准把控。在确认位置信息时，应充分利用地理信息系统（GIS）等先进技术，实现位置信息的可视化展示和智能化分析。这有助于国企提高决策效率，优化资源配置，降低运营成本。

（三）统计设备信息

设备信息是智慧国企数字化平台不可或缺的一部分。通过统计国企内部的设备信息，包括设备类型、数量、运行状态等，能够实现对设备资源的全面掌控和精细化管理。在统计设备信息时，应建立统一的设备信息数据库，实现设备信息的集中存储和共享。同时，利用物联网技术能够实现设备的远程监控和智能化管理，以提高设备利用率和降低维护成本。

（四）人员信息分组

人员信息分组是智慧国企数字化平台实现精准管理的重要手段。通过对人员进行合理分组，企业能够根据不同的业务需求和岗位职责，制订针对性的管理策略和培训计划。在人员信息分组时，应充分考虑人员的专业背景、工作经验、技能特长等因素，确保分组的科学性和合理性。同时，建立人员信息动态更新机制，及时反映人员变动情况，为国企提供有力的人才保障。

（五）导入设备执行基准

导入设备执行基准是智慧国企数字化平台实现设备标准化管理的关键环节。通过制定并导入设备执行基准，能够规范设备的操作流程、维护标准和性能要求，提高设备的稳定性和可靠性。在导入设备执行基准时，应充分考虑设备的实际运行情况和业务需求，以确保基准的实用性和可操作性。同时，建立设备执行基准的定期评估和调整机制，以适应设备更新换代和业务发展的需求。

（六）导入设备备件

导入设备备件是智慧国企数字化平台保障设备正常运行的重要措施。通过导入设备备件信息，企业能够实现对备件库存的实时监控和预警，确保备件供应的及时性和准确性。在导入设备备件时，应建立统一的备件信息数据库，以实现备件信息的集中管理和共享。同时，利用数据分析技术预测备件需求趋势，制订合理的采购计划和库存策略，降低备件库存成本和提高资金使用效率。

综上所述，智慧国企数字化平台的搭建是一个系统工程，需要综合考虑多个方面和环节。通过建立组织档案、确认位置信息、统计设备信息、人员信息分组、导入设备执行基准和导入设备备件等核心步骤的实施，能够推动国企数字化转型的深入发展，提升企业的竞争力和创新能力。未来，随着技术的不断进步和应用场景的不断拓宽，智慧国企数字化平台将在国企发展中发挥更加重要的作用。

三、智慧国企数字化平台的应用

智慧国企数字化平台作为一种集成化、智能化的管理工具，在提高企业管理效率、优化资源配置、保障生产安全等方面发挥着越来越重要的作用。

（一）日常操作便捷化

智慧国企数字化平台通过整合企业内部各类资源信息，实现了日常操作的便捷化。员工可以通过平台轻松完成考勤打卡、任务分配、文件传输等日常工作，减少了纸质文档的使用，提高了工作效率。同时，平台还提供了智能化的提醒功能，如待办事项提醒、会议通知等，帮助员工更好地安排工作，避免遗漏。

（二）监控管理精细化

监控管理是智慧国企数字化平台的核心功能之一，通过实时监控和数据分析，实现对企业运营状态的全面掌控。

1. 报表管理

平台支持自定义报表功能，企业可以根据需要设置各类报表，如销售报表、财务报表、生产报表等。通过报表管理，企业可以实时了解各项业务的运营情况，为决策提供数据支持。同时，平台还提供了报表分析功能，帮助企业深入挖掘数据背后的价值，发现潜在问题。

2. 台账管理

台账管理是企业管理中不可或缺的一环。智慧国企数字化平台通过电子化的台账管理方式，实现了对各类资产、设备、人员等信息的全面记录和管理。企业可以通过平台随时查询、更新台账信息，确保数据的准确性和及时性。此外，平台还提供了对台账数据的统计分析功能，有助于企业发现资源利用中的不合理之处，优化资源配置。

（三）追溯性查询高效化

智慧国企数字化平台具备强大的追溯性查询功能，为企业的质量控制、安全管理等方面提供了有力支持。通过平台，企业可以轻松追溯到产品的生产流程、原材料的采购来源、设备的运行记录等关键信息。这有助于企业在出现问题时迅速定位原因，并采取有效措施进行整改。同时，追溯性查询功能还可以帮助企业加强内部监管，提高管理水平。

（四）现场应用智能化

智慧国企数字化平台在现场应用方面表现出色，为企业的生产运营提供了智能化支持。

1. 设备点巡检

通过平台，企业可以制订设备点巡检计划，并实时记录巡检结果。平台会根据巡检数据自动生成设备状态报告，帮助企业及时发现设备故障和潜在风险。此外，平台还可以根据历史数据和设备特性进行预测性维护，提高设备的可靠性和使用寿命。

2. 设备定期保养、年度预防性维护

平台支持设备定期保养和年度预防性维护计划的制订与执行。企业可以设定保养周期和维护项目，并通过平台提醒功能确保任务按时完成。同时，平台还提供了保养和维护记录的查询功能，方便企业随时了解设备的维护情况。

综上所述，智慧国企数字化平台在国有企业的日常操作、监控管理、追溯性查询以及现场应用等方面发挥着重要作用。通过应用这一平台，企业可以实现管理的精细化、高效化和智能化，提升核心竞争力，为企业的可持续发展奠定坚实的基础。

四、建设智慧国企数字化平台的保障建议

随着信息技术的迅猛发展，智慧国企数字化平台的建设已成为推动企业转型升级、提升竞争力的关键举措。为确保这一重要战略顺利实施并取得实效，笔者提出以下保障建议。

（一）注重调研成果运用，加快平台建设落地

在智慧国企数字化平台的建设过程中，深入细致的调研工作至关重要。通过调研，可以全面了解企业的实际需求、业务流程以及存在的痛点问题，为平台的功能设计和优化提供有力支撑。因此，我们建议：

（1）加强调研工作的系统性。制订详细的调研计划，明确调研目标、范围和方法，确保调研工作全面、深入、细致地进行。同时，要注重对调研结果的梳理和分析，提炼出有价值的信息和建议，为平台建设提供决策参考。

（2）注重调研成果的转化应用。将调研成果转化为平台建设的具体举措和实施方案，确保平台的功能设计符合企业实际需求。同时，要密切关注平台运行过程中出现的新问题和新需求，及时调整和优化平台功能，提升用户体验感和满意度。

（3）加快平台建设进度。在充分调研和论证的基础上，制订切实可行的建设方案和时间表，明确各阶段的目标和任务。同时，要加强项目管理，确保项目按时按质完成，实现平台的快速落地和有效运行。

（二）发挥政府协调作用，强化过程监督评价

在智慧国企数字化平台的建设过程中，政府应发挥积极的协调作用，为平台建设提供政策支持和资源保障。同时，加强过程监督评价，确保平台建设的质量和效果。我们建议：

（1）强化政策支持。政府应出台相关政策，鼓励和支持国企开展智慧化转型和数字化升级。通过资金扶持、税收优惠等措施，降低企业建设成本，激发企业创新活力。

（2）加强资源协调。政府应协调各方资源，为国企数字化平台的建设提供技术、人才和设施等方面的支持。通过搭建产学研用合作平台，促进技术

创新和成果转化，推动国企数字化平台的快速发展。

(3) 建立监督机制。政府应建立健全智慧国企数字化平台建设的监督机制，定期对项目建设情况进行检查评估。通过现场调研、专家评审等方式，确保平台建设的质量和进度符合要求。

(4) 加强评价反馈。政府应建立评价反馈机制，及时收集企业对平台建设的意见和建议。通过对比分析、总结经验教训，不断完善和优化平台建设方案，提升平台的实用性和效果。

(三) 评估发展环境影响，提出动态调整方案

在建设智慧国企数字化平台的过程中，外部环境的变化会对项目的推进产生深远影响。因此，我们需要建立一套完善的环境评估机制，对政策、市场、技术等多方面的因素进行持续跟踪和分析，以便及时识别潜在的风险和机遇。

首先，要对政策环境进行深入研究，了解国家及地方关于国企数字化转型的政策导向和支持措施，确保项目方向与政策要求保持一致。同时，要密切关注市场动态，分析行业发展趋势和竞争格局，以便及时调整项目策略，确保平台建设的市场适应性。

其次，技术环境是数字化平台建设的重要支撑。我们需要关注新兴技术的发展趋势，如大数据、云计算、人工智能等，并结合企业实际需求，选择适合的技术方案和合作伙伴。同时，要建立技术风险评估机制，对可能出现的技术问题进行预测和防范，以确保平台建设的稳定性和安全性。

最后，根据环境评估结果，制订动态调整方案。当外部环境发生重大变化时，要及时调整项目目标、实施计划等资源配置，以确保数字化平台建设的顺利进行。

(四) 加强人才和物资保障，提供持续建设动力

人才和物资是数字化平台建设的两大核心要素。只有拥有足够的专业人才和充足的物资支持，才能确保项目的顺利实施和持续推进。

在人才保障方面，首先，要加强人才引进和培养。通过招聘具有数字化技能和经验的优秀人才，为平台建设提供智力支持。同时，要加强内部培训

和学习机制建设，以提高员工数字化素养和专业技能水平。其次，要建立激励机制和人才梯队。通过制定合理的薪酬福利和职业发展路径，激发员工的积极性和创造力。同时，要注重青年人才的培养和选拔，建立人才梯队，为企业的长远发展储备人才资源。

在物资保障方面，首先，要确保资金投入的充足性。根据项目需求和预算安排，合理分配资金资源，确保数字化平台建设的顺利进行。同时，要加强资金管理和监督，以确保资金使用的合规性和有效性。其次，要注重物资采购和供应链管理。选择质量可靠、价格合理的供应商和合作伙伴，确保所需物资能够及时供应和保障质量。同时，要加强库存管理和物流配送，确保物资的高效利用和及时送达。

通过加强人才和物资保障，为智慧国企数字化平台的建设提供持续的动力和支持，推动企业数字化转型的顺利进行。

第四节　创新体制与机制

一、智慧国企创新体制与机制的策略

创新体制与机制是实现智慧国企建设的核心战略路径。

（一）深化体制改革，释放智慧发展活力

智慧国企建设不仅要求企业运用先进的信息技术提高运营效率，更要求企业从体制机制与层面进行深度变革，释放智慧发展的活力。

1. 优化组织架构，提升管理效能

智慧国企建设首先需要从组织架构的优化入手。传统国企的组织架构往往层级过多、决策链条过长，导致管理效率低下、市场响应速度慢。因此，要打破这种僵化的管理体制，建立扁平化、灵活化的组织结构，减少管理层次，提高决策效率。同时，要推动部门间的协同合作，打破信息孤岛，实现资源共享和优势互补。

在优化组织架构的过程中，要充分利用信息技术手段，构建数字化管理平台，实现对企业运营全过程的实时监控和数据分析。通过大数据分析，

企业可以更加精准地把握市场需求和竞争态势，为决策提供有力支持。

2. 强化创新驱动，增强核心竞争力

智慧国企建设的核心在于创新驱动。国有企业要加大对新技术、新工艺、新产品的研发投入，加快科技成果的转化和应用。同时，要建立健全创新激励机制，鼓励员工积极参与创新活动，激发企业的创新活力。

在创新驱动下，国有企业要积极探索新的商业模式和运营方式，推动产业转型升级。例如，可以通过发展智能制造、智慧物流等新兴产业，提升企业的核心竞争力和市场地位。

3. 推进混合所有制改革，激发市场活力

混合所有制改革是智慧国企建设的重要途径。通过引入非公有资本，实现股权多元化，可以激发国有企业的市场活力和竞争力。同时，混合所有制改革有助于推动企业内部管理机制的改革和完善，以提高企业的管理水平和运营效率。

在推进混合所有制改革的过程中，要注重保护各方利益，确保改革的公平性和合法性。同时，要加强对混合所有制企业的监管和指导，以确保企业健康稳定地发展。

总之，智慧国企建设是一个系统工程，需要从多个方面入手，深化体制改革，释放智慧发展活力。通过优化组织架构、强化创新驱动、推进混合所有制改革等战略路径的实施，国有企业将不断提升自身的竞争力和创新能力，为推动我国经济的持续健康发展作出更大贡献。

(二) 创新机制建设，提高智慧管理水平

创新机制建设、提高智慧管理水平是智慧国企建设的核心任务。

1. 完善人才激励机制

人才是企业发展的第一资源，智慧国企建设离不开高素质、专业化的人才队伍。因此，完善人才激励机制是智慧国企建设的关键环节。

首先，要建立科学的人才评价体系。通过制定合理的评价标准和方法，全面评估人才的能力、业绩和贡献，为人才激励提供科学依据。

其次，要实施多样化的人才激励措施。包括提供具有竞争力的薪酬待遇、设置晋升机会和职业发展通道、给予创新成果奖励等，激发人才的积极

性和创造力。

最后，要加强人才培训和引进工作。通过定期开展内部培训、组织外部交流学习等方式，提升现有人才的专业技能和综合素质；同时，积极引进具有丰富经验和先进理念的人才，为企业带来新的发展动力。

2. 加强信息化建设

信息化建设是智慧国企建设的基础和支撑。通过加强信息化建设，可以推动企业数据资源的整合共享、业务流程的优化再造和管理模式的创新变革。

首先，要构建完善的信息技术基础设施。包括建设高速稳定的网络通信系统、配备先进的信息处理设备和软件系统等，为信息化应用提供坚实保障。

其次，要推进企业数据的整合共享。通过建立统一的数据标准和规范，实现各部门、各层级之间的数据互通互认，提高数据利用效率。

最后，要利用信息技术优化业务流程。通过引入自动化、智能化等技术手段，简化烦琐的操作步骤，减少人工干预环节，提高业务处理效率和准确性。

3. 深化产学研合作

产学研合作是智慧国企建设的重要途径。通过深化产学研合作，可以汇聚创新资源、加速技术转移和成果应用、提升企业创新能力。

首先，要积极与高校、科研机构等建立合作关系。通过联合开展研发项目、共建实验室等方式，共享创新资源和成果，推动企业技术进步和产业升级。

其次，要注重成果的转化和应用。加强与政府部门、行业协会等的沟通协调，推动产学研合作成果的落地应用和市场推广，实现创新价值的最大化。

最后，要加强创新文化的培育和传播。通过举办创新竞赛、开展创新培训等活动，激发员工的创新意识和创新热情，营造浓厚的创新氛围。

总之，建设智慧国企需要不断创新机制、提高智慧管理水平。通过完善人才激励机制、加强信息化建设、深化产学研合作等措施的落实推进，将为企业的高质量发展注入新动力、开辟新空间。

(三) 加强机制监管与评估，确保智慧国企建设实效

为确保智慧国企建设的实效，必须建立一套科学有效的评价机制来监管与评估体系，强化风险防控，为国企的智慧化转型提供坚实保障。

1. 建立监管体系，规范智慧国企建设过程

智慧国企建设涉及多个领域和环节，必须建立全面、系统的监管体系，确保建设过程规范有序。首先，要制订智慧国企建设的总体规划和实施方案，明确建设目标、任务分工和时间节点。其次，建立健全智慧国企建设的法律法规和政策体系，为国企智慧化转型提供法治保障。同时，加强智慧国企建设的技术标准和规范制定，确保各项技术应用符合国家标准和行业要求。

在监管体系的建设中，还要注重跨部门协同和资源整合。通过加强政府部门、国企自身以及社会各方之间的沟通与协作，形成合力，共同推动智慧国企建设。此外，还要建立智慧国企建设的监督机制，对建设过程进行全程跟踪和监管，确保各项措施落到实处。

2. 开展定期评估，检验智慧国企建设成果

为及时检验智慧国企建设成果，必须定期开展评估工作。评估内容应包括智慧国企建设的进展情况、技术应用效果、经济效益和社会效益等方面。通过定量和定性相结合的方式，对智慧国企建设的成果进行全面客观的评价。

在评估过程中，要注重数据分析和案例研究。通过对建设过程中的数据进行深入挖掘和分析，揭示智慧国企建设的内在规律和趋势。同时，结合具体案例，总结智慧国企建设的成功经验和不足之处，为今后的工作提供借鉴和参考。

此外，评估结果应作为智慧国企建设的重要依据。对于评估中发现的问题和不足，要及时进行整改和完善，确保智慧国企建设能够取得实效。

3. 强化风险防控，保障智慧国企建设安全稳定

智慧国企建设涉及大量数据、网络和技术应用，必须高度重视风险防控工作。首先，要加强网络安全防护，建立健全网络安全防护体系，防范网络攻击和数据泄露等风险。其次，要加强数据安全管理，建立完善的数据安

全管理制度和流程，确保数据的安全性和完整性。同时，还要加强技术应用的风险评估和控制，确保技术应用的安全可靠。

在风险防控工作中，还要注重预防和应急处置相结合。通过加强风险预警和监测，及时发现和处置潜在风险。同时，制订完善的应急处置预案，提高应对突发事件的能力，确保智慧国企建设的安全稳定。

综上所述，加强机制监管与评估是确保智慧国企建设实效的关键举措。通过建立监管体系、开展定期评估和强化风险防控，可以推动智慧国企建设的规范有序进行，提高国企的智能化水平和综合竞争力，为国有企业的可持续发展注入新的动力。

建设智慧国企是一项长期而复杂的任务，需要企业在体制和机制上进行不断创新。通过深化体制改革、创新机制建设以及加强监管与评估等举措，我们可以推动国企实现智慧化转型升级，为国家的经济高质量发展贡献更多的力量。同时，我们也应意识到智慧国企建设不是一蹴而就的，需要持续投入和不懈努力。只有不断探索和实践，我们才能找到适合自身发展的智慧国企建设之路。

二、创新体制与机制策略的实施

（一）以“一把手工程”驱动转型

智慧国企建设是一项系统工程，需要企业领导层的高度重视和亲自推动。因此，实施“一把手工程”是驱动企业转型的关键。企业主要领导应亲自挂帅，成立智慧国企建设领导小组，明确目标、任务和责任，确保智慧国企建设与企业整体发展战略紧密结合。同时，加强顶层设计和统筹协调，确保各项工作有序推进。

（二）“统一团队”建立组织体制

智慧国企建设需要跨部门、跨领域的协同合作。因此，建立“统一团队”的组织体制至关重要。通过组建跨部门、跨领域的联合工作组或专项团队，实现资源共享、信息互通和协同作战。同时，加强团队建设，提高团队成员的专业素养和综合能力，为智慧国企建设提供有力的人才保障。

（三）“统一规划”上下衔接和创新迭代

智慧国企建设需要有一个清晰明确的规划蓝图。通过制订“统一规划”，明确智慧国企建设的目标、任务、路径和时间表，以确保各项工作有序开展。同时，注重规划的上下衔接和创新迭代，并根据企业发展需求和外部环境变化，及时调整和优化规划内容，确保智慧国企建设始终保持在正确的发展方向上。

（四）“统一建设”稳步推进整体转型

智慧国企建设需要注重整体性和系统性。通过实施“统一建设”，以确保各项建设任务按照规划要求有序推进。在建设中，注重资源整合和共享，避免重复建设和资源浪费。同时，加强项目管理，确保项目质量、进度和效益达到预期目标。通过稳步推进整体转型，不断提高企业的智能化水平和核心竞争力。

（五）“统一标准”完善智慧国企体制与机制建设

标准是智慧国企建设的基础和保障。通过制定“统一标准”，规范智慧国企建设的各个环节和流程，以确保各项工作的标准化和规范化。同时，加强标准的宣传和推广，提高员工对标准的认识和遵守程度。通过不断完善智慧国企体制与机制建设，为企业的数字化转型和智能化发展提供有力支撑。

综上所述，建设智慧国企需要创新体制与机制、实施有效措施。通过以“一把手工程”驱动转型、“统一团队”建立组织体制、“统一规划”上下衔接和创新迭代、“统一建设”稳步推进整体转型以及“统一标准”完善智慧国企体制与机制建设等战略路径的实施，可以推动智慧国企建设的深入开展，为企业的高质量发展提供有力保障。

第五节　培养数字化人才

智慧国企建设不仅涉及技术的更新换代，更需要培养一支具备数字化思维和能力的人才队伍。数字化人才的培养，既是智慧国企建设的核心内容，也是实现国企高质量发展的重要保障。

一、数字化人才的定义

数字化人才是指具备较高信息素养，能够有效掌握数字化相关专业能力，并将这种能力应用于工作场景的相关人才。他们不仅精通信息通信技术（ICT），还具备在大数据、“互联网 +”、人工智能、智能制造等多个领域发展的能力。数字化人才能够站在宏观的角度看待问题，通盘筹划和规划全局，能够基于现状把握未来，并结合市场的动态和科技发展趋势，推动企业数字化转型。

在智慧国企的建设中，数字化人才扮演着至关重要的角色。他们是数字化转型的引领者，负责规划、实施和监督企业的数字化战略；他们是技术创新的推动者，通过引进和应用新技术，提高企业的生产效率和创新能力；他们还是数据治理的践行者，负责数据的收集、分析和利用，为企业决策提供有力支持。

二、数字化人才的重要性

首先，数字化人才是推动企业数字化转型的关键力量。他们能够运用数字技术对传统业务进行改造升级，提高企业的运营效率和管理水平。同时，他们还能够通过对数据的挖掘和分析，发现新的商业机会，为企业创造更多的价值。

其次，数字化人才是企业创新发展的重要支撑。在数字经济时代，企业的竞争已经不再是简单的产品竞争，而是转变为以技术创新为核心的综合竞争。数字化人才通过运用新技术、新模式，推动企业在产品、服务、管理等方面的创新，从而赢得市场竞争的主动权。

最后，数字化人才是提升企业核心竞争力的关键因素。在智慧国企建设中，数字化人才能够将企业的战略目标与数字化技术相结合，打造具有独特竞争优势的数字化平台和生态系统，从而提升企业的整体竞争力。

数字化人才的培养有助于提升国企的创新能力和竞争力。在数字化时代，企业的竞争已经不再是简单的产品竞争，而是转变为技术、人才、创新等多方面的综合竞争。数字化人才具备的创新思维和创新能力，能够推动国企在技术创新、产品研发、市场拓展等方面取得突破，进而提升企业的整体竞争力。同时，数字化人才还能够通过数据分析、用户洞察等方式，为企业提供更精准的市场预测和决策支持，帮助企业抓住市场机遇，实现可持续发展。

培养数字化人才对于智慧国企建设至关重要。企业需要通过制订科学的人才培养计划、搭建完善的学习平台、建立激励机制等措施，吸引和留住优秀的数字化人才，为智慧国企建设提供有力的人才保障。同时，企业还需要加强内部培训和实践锻炼，以提高员工的数字化素养和技能水平，推动整个企业向数字化、智能化方向迈进。

三、数字化人才应具备的能力

(一) 技术能力

数字化人才在技术方面应具备以下核心能力：技术应用能力、数字化思维和创新。技术应用能力要求人才了解主流技术，并能够应用智能化系统，从而提高业务效率和价值。数字化思维意味着对数据、系统的整体思考，能够适应快速变化的环境，并利用大数据找到问题的本质和更好的应对措施。创新则要求人才积极接纳新知识和理念，不墨守成规，为组织带来新的思路和想法。

(二) 项目管理能力

数字化人才在项目管理方面应具备深厚的方法和实践经验。这种能力不仅体现在对项目的整体规划布局，更在于能够领导团队推进企业的数字化转型。数字化转型的核心目的是实现业务的转型、创新和增长，而数字化技术是这一过程的基石。因此，具备项目管理能力的数字化人才，能够有效地整合资源、调配项目运维，并拥有高效协同的意识，从而确保企业数字化转型的成功。

（三）产品能力

数字化人才在产品能力方面应具备以下核心素质：首先，要有强烈的产品意识和用户服务意识，确保技术产品能够满足用户需求并优化业务结构。其次，应熟悉并能够使用需求分析工具，确保产品设计与开发紧密围绕用户需求进行。最后，数字化人才需具备技术协同能力，确保技术团队与业务团队之间的顺畅沟通，从而驱动业务需求和提高业务效率。

（四）协同能力

协同能力是数字化人才不可或缺的关键能力。在数字化时代，无论是团队内部还是与客户沟通，都需要具备高效的协同意识。这意味着数字化人才应能够与专业人才针对某一项目进行有效的沟通和资源共享。这种能力不仅体现在团队工作中，也表现在与客户和合作伙伴的互动中。只有具备这种能力，数字化人才才能在复杂多变的环境中，有效地整合资源，推动项目的顺利进行。

（五）运营能力

运营能力是数字化人才不可或缺的核心素质。具体而言，运营能力包括资源整合与调配能力，这意味着数字化人才需要能够有效地管理、分配和优化各种资源，以确保项目的顺利进行。此外，项目运维能力也是关键，它要求数字化人才具备对项目的全面管理和维护能力，以确保项目按照预定目标和时间进行。最后，高效协同的意识也是运营能力的重要组成部分，这意味着数字化人才需要与团队成员和其他利益相关者建立良好的合作关系，以确保项目的成功实施。

（六）具有数字化战略头脑

数字化人才应具备数字化战略头脑，不仅需要具备对当前大局的发展意识，还需要对前沿的洞察和统筹有深入的了解。这种能力能够帮助其把握市场的潮汐变化，并针对企业当前所面临的问题进行全面的规划。只有具备这种把握现在和控制未来的数字化人才，企业才能更好地发展并快速完成数字化转型。

（七）带动影响能力

带动影响能力是数字化人才不可或缺的核心素质。在企业的数字化转型过程中，员工往往将其视为领导的责任，而忽视自己的参与。但事实上，数字化转型是一个需要全体员工共同参与、持续推进的工作。数字化人才必须能够激发全体员工的积极性，引导他们自主地参与到这一过程中，以确保每个人都具备数字化思维，从而推动企业实现可持续性发展。

四、数字化人才的培养路径

数字化人才的培养，则是智慧国企建设的重要支撑和保障。本节将围绕建立完善的人才培养机制、优化人才激励机制以及加强实践锻炼与团队建设等五个方面，探讨智慧国企培养数字化人才的战略路径。

（一）建立完善的人才培养机制

智慧国企要想培养出一批具备数字化素养和创新能力的优秀人才，首先，需要建立完善的人才培养机制。这包括制订科学的人才培养计划，明确培养目标和要求，确保人才培养工作有章可循、有据可依。其次，要注重人才的梯次培养和分类培养，根据员工的岗位特点和发展需求，提供个性化的培训方案和发展路径。最后，应加强与高校、科研机构等外部机构的合作，引进先进的教育资源和培训课程，为员工的成长提供有力支持。

（二）优化人才激励机制

在数字化人才的培养过程中，激励机制的作用不可忽视。智慧国企应该建立健全的人才激励机制，通过薪酬、晋升、荣誉等多种方式，激发员工的积极性和创造性。一方面，要确保数字化人才得到与其能力和贡献相匹配的薪酬待遇，让他们感受到企业的尊重和认可；另一方面，要建立完善的晋升通道和职业发展平台，为数字化人才提供更多的发展机会和空间。此外，还可以通过设立奖项、举办技能竞赛等方式，表彰和奖励在数字化领域取得突出成绩的员工，树立榜样和标杆。

（三）加强实践锻炼与团队建设

实践是检验真理的唯一标准，也是培养数字化人才的重要途径。智慧国企应该注重员工的实践锻炼和团队建设，通过实际工作项目、创新实践活动等方式，让员工在实践中学习、在实践中成长。同时，要加强团队建设，鼓励员工之间的合作与交流，营造共同学习、共同进步的良好氛围。此外，还可以通过举办团队建设活动、建立内部交流平台等方式，增进员工之间的了解和信任，提升团队的凝聚力和战斗力。

（四）构建产学研用一体化人才体系

构建产学研用一体化人才体系是智慧国企培养数字化人才的基础工程。这一体系旨在将产业界、学术界、研究机构以及实际应用场景紧密结合，形成人才培养的良性循环。

首先，国企应与高校、研究机构建立紧密的合作关系，共同制订人才培养计划，设立专门的数字化人才培养基地。通过校企合作，国企可以获得源源不断的人才供给，同时高校和研究机构也能更好地了解企业需求，进而调整研究方向，实现产学研的深度融合。

其次，国企内部应建立完善的数字化人才培训体系。通过定期举办培训班、研讨会等形式，提高员工的数字化素养和技能水平。同时，建立激励机制，鼓励员工自主学习、自我提升，营造全员参与数字化人才培养的良好氛围。

最后，国企应加强与实际应用场景的结合，为员工提供实践锻炼的机会。通过参与实际项目、解决实际问题，员工能够更好地将理论知识转化为实践能力，提升数字化人才的应用能力。

（五）开展数字化竞赛、创新项目等活动，以激发员工的创新热情

开展数字化竞赛、创新项目等活动是激发员工创新热情、培养数字化人才的有效途径。

数字化竞赛能够激发员工的竞争意识和创新精神。国企可以定期组织各类数字化技能竞赛、创意大赛等活动，让员工在比赛中展示自己的才华和

创新能力。通过竞赛的形式，不仅能够选拔出优秀的数字化人才，还能够营造积极向上的企业文化氛围。

创新项目则能够为员工提供实践创新的平台。国企可以设立专门的创新基金，鼓励员工提出创新性的数字化项目方案。对于具有潜力的项目，国企应给予资金支持和资源保障，推动项目的顺利实施。通过参与创新项目，员工能够深入了解企业运营中的实际问题，并运用数字化技术提出解决方案，实现个人价值的同时也为企业的发展贡献力量。

总之，智慧国企培养数字化人才是一项长期而艰巨的任务，需要建立完善的人才培养机制、优化人才激励机制以及加强实践锻炼与团队建设等多方面的努力。只有这样，才能培养出一批具备数字化素养和创新能力的优秀人才，为企业的转型升级和持续发展提供有力保障。

第六节　重塑组织管理模式

建设智慧国企，重塑组织管理模式，成为推动企业转型升级、提升核心竞争力的关键所在。

一、组织管理模式的概念

组织管理模式是指企业在运营过程中，为实现既定目标而采取的一系列组织结构、职责划分、管理流程等制度安排。它涉及企业的决策机制、协调机制、控制机制以及激励机制等多个方面，是企业管理体系的核心组成部分。在智慧国企的建设中，组织管理模式不仅关乎企业内部资源的配置效率，更直接影响企业的创新能力和市场竞争力。

二、重塑组织管理模式的重要性

(一) 提高运营效率

重塑组织管理模式有助于优化企业内部流程，减少决策层级，提高信息传递效率。通过扁平化、网络化等新型组织结构的构建，可以加快企业响应市场变化的速度，提高运营效率。

（二）激发创新活力

传统的组织管理模式往往过于僵化，抑制了员工的创新精神和主动性。重塑组织管理模式，建立更加灵活、开放的创新机制，能够激发员工的创新活力，推动企业不断推陈出新，保持竞争优势。

（三）增强风险抵御能力

面对复杂多变的市场环境，企业需要具备强大的风险抵御能力。重塑组织管理模式，加强内部控制和风险管理，有助于企业及时发现并应对潜在风险，确保企业稳健发展。

（四）促进可持续发展

智慧国企的建设不仅关注短期效益，更着眼于企业的长远发展。重塑组织管理模式，能够推动企业向绿色、低碳、循环的方向发展，有助于实现企业的可持续发展目标。

三、数字化背景下智慧国企组织管理模式的转变方向

传统的层级式管理模式已难以满足快速变化的市场需求和企业发展的需要，因此，扁平化、网络化和柔性化成为智慧国企组织管理模式转变的重要方向。

（一）扁平化

扁平化是智慧国企组织管理模式的重要转变之一。在数字化时代，企业面临的市场环境更加复杂多变，需要更加快速、灵活地作出决策。传统的层级式管理结构由于层级过多，决策效率低下，难以满足这一需求。因此，智慧国企开始逐步推行扁平化管理，减少管理层级，提高决策效率。

通过扁平化管理，智慧国企能够减少决策层级，使决策更加贴近市场和一线员工，提高决策的及时性和准确性。同时，扁平化管理还能够促进企业内部信息的流通和共享，加强各部门之间的协同合作，提高整体运营效率。

(二) 网络化

网络化是智慧国企组织管理模式转变的又一重要方向。在数字化时代，企业之间的合作与竞争关系变得更加复杂，需要构建更加紧密的网络化组织来应对这一挑战。

智慧国企通过网络化管理，能够打破传统的组织边界，实现跨部门、跨企业的协同合作。通过建立开放、共享的网络平台，企业能够整合内外部资源，实现资源的优化配置和共享。同时，网络化管理还能够加强企业与供应商、客户等各方之间的联系，提高供应链的协同效率和客户满意度。

(三) 柔性化

柔性化是智慧国企组织管理模式转变的第三个重要方向。在数字化时代，市场需求变化迅速，企业需要具备更强的适应性和创新能力。

柔性化管理强调组织的灵活性和适应性，能够根据市场需求和环境变化及时调整经营策略和运营模式。智慧国企通过柔性化管理，能够更好地应对市场变化，提高竞争力。同时，柔性化管理还能够激发员工的创新精神和创造力，为企业发展提供源源不断的动力。

在数字化时代，智慧国企组织管理模式的转变是必然趋势。通过扁平化、网络化和柔性化的转变方向，智慧国企能够构建更加高效、灵活、协同的组织管理模式，提高企业的竞争力和创新能力，为企业的可持续发展奠定坚实的基础。

然而，实现这些转变并非易事，需要企业具备前瞻性的战略眼光和坚定的改革决心。同时，还需要加强员工的培训和教育，提高员工的数字化素养和创新能力，为组织管理模式的转变提供有力的人才保障。

总之，数字化时代为智慧国企组织管理模式的转变提供了无限可能。通过扁平化、网络化和柔性化的转变方向，智慧国企能够迎接市场挑战，实现可持续发展，为国家的经济建设和社会发展作出更大的贡献。

四、数字化背景下智慧国企的组织管理新模式

国企的组织管理模式正在逐步向更加灵活、数据驱动的方向发展，以

适应快速变化的市场环境和不断提升的业务需求。

（一）灵活的组织架构

传统的国企组织架构往往呈现出层级分明、部门划分固定的特点，这在一定程度上限制了企业的灵活性和创新力。然而，在数字化时代，这种固定的组织架构已经难以适应快速变化的市场需求。因此，智慧国企开始探索并实践更加灵活的组织架构。

首先，扁平化的组织结构成为智慧国企的重要选择。通过减少管理层级，缩短决策链条，企业能够更快地响应市场变化，提高决策效率。同时，扁平化结构还有助于增强员工之间的沟通与协作，促进信息共享和知识创新。

其次，项目制和团队制的组织形式在智慧国企中得到广泛应用。这种组织形式能够根据项目的不同需求，灵活组建跨部门的团队，实现资源的优化配置和高效利用。同时，项目制和团队制也有助于激发员工的积极性和创造力，推动企业的持续创新。

（二）数据驱动的决策

在数字化背景下，数据已经成为企业决策的重要依据。智慧国企充分利用大数据、人工智能等先进技术，实现数据驱动的决策模式，提高决策的准确性和科学性。

首先，智慧国企通过构建完善的数据收集和分析体系，实现对业务数据的全面收集和分析。通过对数据的深入挖掘和处理，企业能够更准确地把握市场趋势和客户需求，为决策提供有力支持。

其次，智慧国企借助大数据分析工具，对海量数据进行处理和分析，发现数据背后的规律和趋势。这有助于企业预测未来市场变化，制订更加精准的战略规划。

最后，智慧国企通过构建数据驱动的决策支持系统，实现决策的智能化和自动化。这些系统能够根据实时数据和市场变化，自动调整和优化决策方案，提高决策效率和准确性。

（三）强调信息共享与协同

信息共享与协同是智慧国企组织管理新模式的基石。在传统的管理模式中，信息流通不畅、部门间协作困难是制约企业发展的重要因素。而在数字化背景下，通过建立统一的信息平台，实现各部门之间数据的实时共享，不仅消除了信息孤岛，还提高了决策的效率。同时，通过协同工作机制，使不同部门能够共同参与到项目的策划、执行与监督中，形成合力，推动企业的快速发展。

（四）智能化技术的引入

智能化技术的引入为智慧国企组织管理提供了强大的动力。通过大数据、云计算、人工智能等技术的应用，企业能够对海量数据进行深入挖掘和分析，从而更准确地把握市场趋势，制定科学的发展战略。此外，智能化技术还可以帮助企业实现自动化、智能化的生产与管理，减少人为因素的干扰，提高生产效率和产品质量。

在具体实践中，智慧国企组织管理的新模式已经取得了显著成效。例如，一些大型国企通过建立智慧化供应链管理系统，实现了对供应链各环节的实时监控和优化，大大提高了供应链的响应速度和灵活性。同时，通过引入智能化技术，企业还能够对生产过程进行精细化管理，降低生产成本，提高经济效益。

（五）优化管理流程

传统的国企管理模式往往存在层级繁多、决策迟缓、执行不力等问题，这不仅影响了企业的运营效率，也制约了其创新能力的发展。而数字化技术的引入，为国企优化管理流程提供了有力支持。

首先，通过构建数字化平台，国企可以实现信息的实时共享和高效传递，打破部门之间的信息壁垒，提高决策效率和执行力。同时，利用大数据和人工智能技术，企业可以对各项业务流程进行深入分析，发现潜在的问题和瓶颈，从而有针对性地优化流程，提高整体运营效率。

其次，智慧国企组织管理注重引入自动化和智能化的管理工具。例如，通过引入机器人流程自动化（RPA）技术，企业可以利用自动化处理大量重复性的工作，释放人力资源，使其能够专注于更具创造性和战略性的任务。此外，利用物联网技术，企业还可以实现对设备和资产的智能监控和维护，进一步提高运营效率、降低成本。

第七节　强化风险管理

一、强化智慧国企风险管理的思路

随着信息技术的飞速发展，智慧国企建设已经成为推动国有企业转型升级、提高竞争力的重要途径。然而，在这一过程中，风险管理问题也日益凸显，如何有效识别和应对风险，成为智慧国企建设面临的重要课题。为此，本节提出以下三个方面的思路，以期强化智慧国企的风险管理能力。

（一）重塑一套适合智慧国企风险管理的组织架构

传统的风险管理组织架构往往过于僵化，难以适应智慧国企的快速发展和变化。因此，需要重塑一套适合智慧国企风险管理的组织架构。具体而言，可以从以下几个方面入手：

首先，建立风险管理的专门机构，负责全面统筹和协调智慧国企的风险管理工作。该机构应具备独立性和权威性，能够确保风险管理工作的有效实施。

其次，明确各部门的风险管理职责和权限，形成责任明确、协调配合的风险管理网络。各部门应结合自身业务特点，制定具体的风险管理策略和措施，确保风险得到有效控制。

最后，加强风险管理的信息化建设，构建风险管理信息系统，实现风险信息的实时共享和监控。通过数据分析、模型预测等手段，提高风险识别和应对的准确性、及时性。

（二）打造一支符合智慧国企特色的数字化团队

智慧国企的风险管理需要依托一支具备数字化思维和技能的专业团队。

因此，我们应着力打造一支符合智慧国企特色的数字化团队。

首先，选拔和培养具备数字化技能的人才，包括数据分析师、信息安全专家等，为风险管理提供技术支持和创新动力。

其次，加强团队之间的协作和沟通，形成跨部门、跨领域的合作机制。通过共享资源和经验，提高团队的整体能力和效率。

最后，鼓励团队成员不断学习和创新，跟踪新技术和新方法的发展动态，不断提高自身的专业素养和综合能力。

（三）优化智慧国企的数字化思维模式

数字化思维是智慧国企风险管理的核心要素之一。优化数字化思维模式有助于提高风险管理的效率和准确性。

首先，树立数据驱动的风险管理理念，将数据作为决策的重要依据。通过收集、整理和分析风险相关数据，揭示风险的本质和规律，为风险管理提供有力支持。

其次，推动业务流程的数字化改造，简化操作流程、减少人为干预，提高风险管理的自动化和智能化水平。

最后，培养员工的数字化素养和意识，使他们能够主动运用数字化工具和方法来识别和应对风险。通过培训和教育活动，提高员工的数字化能力和风险意识。

综上所述，强化智慧国企风险管理需要从重塑组织架构、打造数字化团队和优化数字化思维模式三个方面入手。通过不断完善和创新风险管理机制和方法，我们可以有效提高智慧国企的风险管理能力，为企业的稳健发展保驾护航。

二、强化智慧国企风险管理的策略

（一）通过大数据平台建设实现风险信息的整合与归集

随着大数据技术的不断发展，智慧国企可以借助大数据平台，实现风险信息的全面整合与归集。首先，要建立完善的数据收集系统，确保各类风险信息能够及时、准确地录入平台。其次，通过数据挖掘和分析技术，对风险信息进行深度分析，揭示风险之间的内在联系和演变规律。此外，大数据平台还可以实现风险信息的共享和协同，提高各部门之间的沟通和协作效率，为风险应对提供有力支持。

（二）通过内控制度明确风险边界

内控制度是智慧国企风险管理的基石。通过建立健全的内控制度，可以明确风险边界，规范业务流程，降低风险发生的可能性。具体而言，企业应制定完善的风险管理制度，明确各类风险的识别、评估、监控和应对措施。同时，要建立严格的授权审批制度，确保各项业务操作符合规定，防止内部人员违规操作带来的风险。此外，加强内部审计和监督检查，及时发现和纠正存在的问题，确保内控制度的有效执行。

（三）建立风险评估与预警模型

风险评估与预警模型是智慧国企风险管理的重要工具。通过建立科学的风险评估模型，可以对各类风险进行量化分析，为决策提供有力依据。同时，预警模型可以实时监测风险指标的变化，一旦发现异常情况及时发出预警信号，提醒企业采取相应的应对措施。在建立风险评估与预警模型时，应充分考虑企业的实际情况和业务需求，确保模型的准确性和实用性。

第四章　智慧国企的实践经验与未来展望

第一节　智慧国企的实践经验

自2020年以来，国务院国资委发布《关于加快推进国有企业数字化转型工作的通知》，此后又在对标世界一流管理提升的过程中，对信息化管理的内容进行了明确。结合两个政策文件的主要内容以及世界一流企业普遍关注的重点，企业利用数字化转型提高管理效能应该重点关注以下四个方面的举措。

一、实现现有核心管理活动转型

要想大幅提升企业转型成功的概率，企业可以充分利用数字技术优化内部流程，并在更广范围和更深层次的组织变革中，实施分散化的决策和灵活的基层自主权，重塑组织活力。

中化集团供应链管理活动的转型值得借鉴。中化集团搭建数字供应链，实现储运全程可视化，以数据驱动企业运营优化和创新。

中化能源科技构建的储运一体化数字供应链平台——66云链①，不但敏捷创新并精准服务，而且助力中化能源面向未来快速转型，同时推动中化的外部企业应用数字技术应对当前的经营风险及竞争压力。

运输环节方面，中化能源科技研发的“车辆运单可视化系统”，让货主

① 66云链，全称六六云链科技（宁波）有限公司，由中化能源、中信兴业、宁波大榭管委会等共同投资设立，构筑起国内石化行业首家集仓储、车船运输于一体的石化供应链数字基础设施，服务于近100家能源化工生产销售的头部企业。66云链将沿着“产业数字化基础上的金融科技服务”发展方向，奉行为客户创造价值的经营理念，运用物联网、区块链、大数据算法等领先技术，依托已形成的66快车、船运帮、仓海帮相关数字产品和服务体系，为货主企业构建实时在线的供应链多方协作能力，帮助货主企业建立和完善安全、高效、可信的数字供应链业务和服务体系，通过数字要素的深入应用实现高水平发展，持续推动能源化工产业深入数字时代。

无须和司机见面、通话，就能实时掌控车辆位置、车辆轨迹等危化品物流运单动态，提高物流管理效率和风险实时预警能力。

截至2024年5月，这套系统已先后在中化石油广东公司等9家中化内部企业以及数十家中化外部企业上线，累计运单达12万单，货运量约1000万吨，助力企业将物流实时数据分析纳入全业务流程，在降低供应链不确定性风险的同时，也为企业物流环节的降本增效提供了数据依据。

二、创造新的商业模式

创新是为企业提供业务增长的驱动力，而将数字化与业务进一步结合，能够帮助企业加速产品与服务的创新，探索新的市场机遇，开创新的商业模式，孵化新的业务项目。

2020年，面对数字经济蓬勃发展，以及国际油价震荡带来的诸多不确定性，油气行业的数字化转型既是顺势而为，也是不得不为，而中国石油公司利用数字化与业务的深度结合，在产品质量与服务创新上率先迈出了这一步。

中油瑞飞作为中国石油系统内最大的IT服务公司，“梦想云”深度融合油气应用场景，不断衍生出丰富的智能化应用，“智慧眼”“超级工人”“机器狗”等一系列智能化解决方案和产品，助力油气行业数字化转型、智能化发展。

中油瑞飞利用XR、IoT、AI、云计算等技术打造“石油大脑”，将虚实智能融合，实现作业现场的虚拟构建，打造了虚拟现实培训平台、AR智能巡检眼镜、可视化作业任务、后方专家实时指导、虚拟现实研究平台等智能辅助产品。

作业工人用上这款产品，即可进行远程巡检和操作，可以突破个人技能限制瞬间变身为“超级工人”。目前该产品已经在西南油气田、西部钻探、大庆钻探、渤海钻探、重庆销售生产作业现场广泛应用。

三、聚焦产出与体验

企业绩效的提升不仅在于新机器或者新技术的发明使用，更重要的是用数字化的研发、设计、生产、营销等原则，让产品和服务与周围环境建立起更密切的关系。

以宝钢集团为例，宝钢集团依托数字化技术，不断拓展新业务领域。个性化定制服务方面，宝钢通过物联网等数字技术为下游客户提供专业的定制服务。以汽车整车业客户为例，宝钢根据客户提供的整车生产计划，通过智能制造系统，自行将客户的生产计划，计算出所需生产钢板的类型和数量，并据此安排生产。相应的钢板产出后，直接送到宝钢的剪切中心，根据客户生产车型剪切好钢板直接运送到整车厂。

宝钢集团还打造了钢铁电商平台——欧冶云商。该电商平台以钢材供应链服务为核心，构建多维度、数据化、以风控为核心的供应链信用体系，并力图构建大宗商品共享服务生态圈。

四、构建数智化工作平台

随着数字化和智能化技术的快速发展，越来越多的企业开始寻求通过数智化工作平台来提升工作效率、优化业务流程、增强数据驱动决策的能力。在央国企领域，这一趋势尤为明显。央国企作为国家经济发展的重要支柱，肩负着保障国家安全、推动经济发展的重任。因此，构建数智化工作平台对于央国企来说具有重大意义。

以蓝凌央国企数智化工为例。蓝凌是一家专注于为企业提供数字化转型解决方案的服务商。在央国企领域，蓝凌通过深入了解客户需求，打造了一系列具有针对性的数智化工解决方案。其中，蓝凌央国企数智化工解决方案就是其中的典型代表。蓝凌央国企数智化工解决方案以企业数字化转型为核心，通过构建数智化工作平台，实现了对业务流程的全面优化。在实际应用中，蓝凌央国企数智化工解决方案已经帮助多家央国企实现了数字化转型，提高了工作效率，优化了业务流程。同时，也增强了企业的数据驱动决策能力，为企业的可持续发展提供了有力支撑。未来，蓝凌将继续关注市场变化和技术发展趋势，持续优化数智化工作平台，提高平台的适应性和稳定性。同时，蓝凌也将积极探索与其他企业的合作机会，共同推动央国企数智化工的数字化转型和发展。

通过蓝凌央国企数智化工的实践经验，我们可以得出以下几点启示：

(1) 深入了解客户需求。在构建数智化工作平台时，企业需要深入了解客户的需求，以便为其提供有针对性的解决方案。

(2) 注重技术研发。数字化转型离不开技术的支持，企业需要不断投入研发力量，引进先进的技术手段，提高数字化水平。

(3) 强化数据安全。在数字化时代，数据安全是企业必须重视的问题。企业需要建立完善的数据安全管理制度，确保数据的安全性和可靠性。

(4) 培养数字化人才。数字化转型需要具备数字化技能的人才支持，企业需要加强对员工的数字化培训，培养一支具备数字化技能的团队。

对于其他央国企而言，可以借鉴蓝凌的经验，结合自身实际情况，制定相应的数字化转型策略。同时，也可以考虑与专业的数字化服务商合作，借助其专业能力和经验，共同推动企业的数字化转型。

随着数字化和智能化技术的不断发展，数智化工作平台将在更多领域得到应用。对于央国企而言，未来将面临更加复杂多变的市场环境，需要不断提高自身的数字化水平，以应对挑战。因此，构建数智化工作平台将成为央国企未来发展的重要方向。

第二节　智慧国企的未来展望

未来，智慧国企将进一步优化内部管理、提升创新能力、增强市场竞争力，成为推动经济高质量发展的重要力量。

一、智慧国企将在内部管理方面实现智能化和精细化

智慧国企在内部管理方面将实现更加智能化和精细化。借助大数据、云计算、人工智能等先进技术手段，智慧国企将实现对各项业务流程的全面数字化和智能化管理。通过对海量数据的收集、分析和挖掘，企业能够精准把握市场动态、客户需求以及内部运营状况，为决策提供有力支持。

同时，智慧国企将实现精细化管理，通过优化流程、提高效率、降低成本等方式，不断提高企业的运营水平。例如，通过引入智能设备和物联网技术，实现生产过程的自动化和智能化监控，提高生产效率和产品质量；通过构建智能化的供应链管理系统，实现供应链的透明化和高效协同，降低库存

成本和物流成本。

二、智慧国企将加强创新能力，推动产业升级和转型

智慧国企将充分利用自身在资金、技术、人才等方面的优势，加大研发投入，推动技术创新和产业升级。

一方面，智慧国企将积极引进和培育高端人才，构建创新型人才队伍，为企业的创新发展提供有力保障。另一方面，智慧国企将加强与高校、科研机构的合作，推动产学研深度融合，共同开展关键共性技术的研发和攻关，形成具有自主知识产权的核心技术。

此外，智慧国企还将积极探索新的商业模式和业态，推动产业升级和转型。例如，通过发展数字经济、智能制造等新兴产业，推动传统产业向高端化、智能化、绿色化方向发展；通过构建平台化、生态化的业务模式，实现产业链上下游的深度融合和协同发展。

三、智慧国企将积极拓展国际合作，参与全球竞争

随着“一带一路”倡议的深入推进，智慧国企将积极拥抱全球化，拓展国际合作。通过与国际知名企业建立战略合作关系，共同开发新技术、新产品和新市场，智慧国企将不断提升自身的国际竞争力。同时，智慧国企也将积极参与国际标准和规则的制定，以推动形成更加公平、开放、透明的国际贸易环境。

在拓展国际合作的过程中，智慧国企将注重引进国外先进的管理理念和技术手段，推动企业的转型升级。通过引进智能化、数字化等先进技术，智慧国企将提高生产效率，降低运营成本，提升产品质量，从而在国际市场上赢得更多的话语权和市场份额。

四、智慧国企将更加注重可持续发展，履行社会责任

随着社会的不断发展和进步，可持续发展已经成为全球共同关注的重要议题。智慧国企将积极响应国家关于可持续发展的号召，将可持续发展理念贯穿企业发展的全过程。

首先，智慧国企将注重资源节约和环境保护。通过采用先进的节能技

术和环保措施，减少生产过程中的能源消耗和环境污染，实现绿色生产。同时，智慧国企也将积极推广循环经济模式，推动资源的循环利用，降低废弃物排放，为社会的可持续发展贡献力量。

其次，智慧国企将关注员工福利和社会公益事业。通过提高员工的福利待遇和保障水平，增强员工的归属感和忠诚度。同时，智慧国企也将积极参与社会公益事业，支持教育、扶贫、医疗等领域的发展，为社会和谐稳定作出积极贡献。

智慧国企的未来发展充满了机遇和挑战。通过积极拓展国际合作和参与全球竞争，智慧国企将不断提升自身的国际竞争力；通过注重可持续发展和履行社会责任，智慧国企将实现经济效益和社会效益的双赢。我们有理由相信，在未来的发展中，智慧国企将展现出更加辉煌的风采，为国家的繁荣富强和人民的幸福安康作出更大的贡献。

总之，智慧国企的未来发展充满了无限可能。通过内部管理优化、创新能力提升、国际合作拓展和可持续发展实践，智慧国企将不断壮大自身实力，为经济高质量发展注入新的动力。我们期待智慧国企在未来的发展中能够取得更加辉煌的成就，为构建现代化经济体系、实现中华民族伟大复兴的中国梦作出更大贡献。

结束语

在深入探讨智慧国企的数字化转型之路后，不难发现，这是一条充满挑战与机遇的征途。国有企业，作为国家经济发展的中坚力量，正以前所未有的速度和深度投身这场伟大的变革，不仅提升了自身的核心竞争力，更在新时代的浪潮中为国家的发展贡献更大的力量。

数字化转型，不仅是技术的升级和应用的拓展，更是一场深刻的思维变革。它要求国企从传统的管理模式和思维方式中走出来，以数据为驱动，以创新为核心，构建起适应新时代发展要求的智慧化运营体系。在这个过程中，国企只有不断突破自我，勇于尝试，敢于创新，才能在激烈的市场竞争中立于不败之地。

当然，数字化转型之路并非一帆风顺。国企在推进数字化转型的过程中，面临技术、人才、资金等多方面的挑战。但正是这些挑战，激发了国企的斗志和创新精神，推动它们不断探索、不断前进。同时，国家政策的支持和市场的广阔空间，也为国企的数字化转型提供了有力的保障和无限的可能。

展望未来，智慧国企的数字化转型之路将更加宽广和深远。随着技术的不断进步和应用的不断深化，国企将能够更好地整合资源、优化流程、提高效率，实现更高质量的发展。同时，数字化转型也将推动国企在国际化竞争中取得更大的优势，为国家在全球经济格局中的地位提升贡献更多的力量。

总之，本书不仅是对国企数字化转型历程的回顾和总结，更是对未来发展的展望和期许。我们相信，在国企的共同努力下，数字化转型之路将越走越宽广，智慧国企的明天将更加美好。让我们携手并进，共同谱写国企数字化转型的新篇章！

参考文献

[1] 唐天伟，应子尧，江晓婧．科技公共服务与企业高质量发展转型：基于数字化视角 [J]. 中国软科学，2024(6)：142-155.

[2] 李泽．数字化转型助力国有企业提质增效 [N]. 山西日报，2024-05-14(11)．

[3] 刘佳佳，任丽君，汪寿阳．企业数字化转型如何有效降低权益资本成本 [J]. 管理评论，2024(5)：1-13.

[4] 李静，傅明宸．企业数字化助推劳动配置效率：机制和异质性 [J]. 西安财经大学学报，2024(5)：1-16.

[5] 王杰．数字化转型背景下的国有企业内部控制管理策略研究 [J]. 财会学习，2024(13)：158-160.

[6] 陈棉淳．数字化转型背景下国有企业员工培训体系优化策略分析 [J]. 今日财富，2024(13)：128-130.

[7] 冯上帅．大数据时代下国有企业人力资源管理数字化转型研究 [J]. 商展经济，2024(8)：163-166.

[8] 赵新宇，张帅．数字化转型能提升国有企业资本配置效率吗？ [J]. 兰州大学学报 (社会科学版)，2024，52(2)：40-53.

[9] 杨芳，张和平，孙晴晴，等．企业数字化转型对新质生产力的影响 [J]. 金融与经济，2024(5)：35-48.

[10] 李娜．企业数字化转型对内部控制质量的影响及作用机制研究 [J]. 无锡商业职业技术学院学报，2024，24(2)：51-60+91.

[11] 祁怀锦，李若琳，刘斯琴．数字化转型的公司治理效应：基于管理层在职消费视角 [J]. 改革，2024(4)：108-125.

[12] 石道元，唐海森，王鹏．企业数字化转型、融资约束与企业绩效 [J]. 会计之友，2024(9)：108-116.

[13] 武诗媛，刘泽岩，林汉川 . 数字化转型程度与国有示范企业治理效率 [J]. 企业经济，2024，43(4)：75-86.
[14] 张玲，马慧敏 . 企业数字化转型、会计稳健性与股价同步性 [J]. 财会通讯，2024(7)：32-37.
[15] 韩士专，杨佳英，杨礼华 . 数字化转型对企业全要素生产率的影响研究 [J]. 现代管理科学，2024(2)：133-142.
[16] 王朔，熊凯军，李伟铭 . 企业数字化转型、持续成长与劳动雇佣 [J]. 大连理工大学学报（社会科学版），2024(4)：1-10.
[17] 谢玉琪，李静贤 . 数字化转型背景下国有企业风险管理问题研究 [J]. 现代商业，2024(7)：110-113.
[18] 贾云洁 . 试论研究型审计赋能国企数字化转型的途径 [J]. 商讯，2024(7)：139-142.
[19] 谢香兵，贾琰琰，余文桥 . 数字化转型与企业人力资本配置倾向性 [J]. 财会月刊，2024，45(8)：20-26.
[20] 申志轩，祝树金，文茜，等 . 政府数字采购与企业数字化转型 [J]. 数量经济技术经济研究，2024，41(5)：71-91.
[21] 江唐洋，于洋，聂军 . 数字化转型会促进企业产学研合作创新吗？[J]. 中南财经政法大学学报，2024(2)：29-39+148.
[22] 魏倩文 . 数智经济背景下国有企业数字化转型及创新发展路径 [J]. 经济研究导刊，2024(5)：7-9.
[23] 赵淑媛 . 数字化转型背景下国有企业内部审计研究 [J]. 财会学习，2024(8)：113-115.
[24] 喻彪，杨刚 . 企业数字化转型对创新效率的影响研究 [J]. 西南民族大学学报（人文社会科学版），2024，45(3)：85-97.
[25] 赵翠，李潇 . 国有企业建设财务共享中心问题研究 [J]. 中国农业会计，2024，34(5)：46-48.
[26] 丁芳 . 国有企业财务数字化转型思考 [J]. 今日财富，2024(8)：98-100.
[27] 温科，李常洪 . 数字化转型、供应链集中度与供应商创新 [J]. 统计与信息论坛，2024，39(3)：107-128.

[28] 于洋 . 数字化转型对国有企业经济发展的影响 [J]. 中关村，2024（3）：108-109.
[29] 胡铭 . 国有企业数字化发展下财务共享管理优化探究 [J]. 财经界，2024（7）：113-115.
[30] 张宏霞，解辰影 . 企业数字化转型、内部控制与审计质量 [J]. 国际商务财会，2024（4）：3-10+22.
[31] 李艳艳 . 企业数字化转型、信息透明度与审计质量 [J]. 科技和产业，2024，24（4）：23-27.
[32] 张鲜华，秦东升，杨阳 . 数字化转型对企业收入分配的影响研究 [J]. 西部论坛，2024，34（1）：63-80.
[33] 郭娟娟 . 数字化转型如何影响企业 OFDI 行为：内在机制与经验证据 [J]. 世界经济研究，2024（2）：63-77+136.
[34] 张志亮，张九丽，杨自诚，等 . 企业数字化转型规划模型研究 [J]. 互联网周刊，2024（4）：34-36.
[35] 何欣 . 基于量化考核的国有企业数字化转型评估研究 [J]. 价值工程，2024，43（5）：37-39.
[36] 孙亦凡 . 企业数字化转型背景下的财务共享中心建设 [J]. 产业科技创新，2024，6（1）：85-88.
[37] 毛星星 . 数字化转型下国有企业人才培养的路径 [J]. 国际公关，2024（3）：115-117.
[38] 陈一格 . 数字化转型对企业成长性的影响研究 [J]. 现代商业，2024（3）：62-65.
[39] 许林，唐璐，徐玉发 . 数字化转型、创新活力对企业融资约束的缓释效应 [J]. 南方金融，2023（11）：3-18.
[40] 余哲巍，周倩，沈新蕊 . 国有资本持股与民营企业数字化转型 [J]. 财会通讯，2024（3）：47-51+58.
[41] 陈彦宇，古华 . 国有企业数字化转型问题研究 [J]. 商场现代化，2024（4）：116-118.
[42] 魏玉婷，杨明海 . 高管团队共享经验如何影响企业数字化转型 [J]. 财经科学，2024（2）：136-148.

[43] 陈孟炎 . 创新构建高质量国企智慧党建平台 [J]. 现代国企研究，2022(9)：52-55.
[44] 倪振昊 . 基于 PEST 和 SWOT 模型的国有企业数字化转型现状分析及对策建议 [J]. 企业改革与管理，2022(7)：74-76.